A Ciência da Meditação

Rohit Mehta

A Ciência da Meditação

Rohit Mehta

Editora Teosófica
Brasília-DF

The Science of Meditation
Rohit Mehta
Motilal Banarsidass Publishers PVT LTD.
Delhi, Índia

Direitos Reservados à
EDITORA TEOSÓFICA
1ª Edição - janeiro/2009
SGAS Quadra 603, Conj. E, s/nº
70.200-630 - Brasília-DF - Brasil
Tel.: (61) 3322-7843
Fax: (61) 3226-3703
E-mail: editorateosofica@editorateosofica.com.br
Site: www.editorateosofica.com.br

	A Ciência da Meditação
M 498	Rohit Mehta
	Brasília, 2009 ISBN 978-85-85961-97-8
	CDD 140

Tradução: Edvaldo Batista de Souza
Revisão: Marly Winckler - Zeneida Cereja da Silva
Capa e Diagramação: Reginaldo Mesquita
Impressão: Gráfika Papel e Cores - Fone: (61) 3344-3101
E-mail: papelecores@gmail.com

SUMÁRIO

Prefácio 07

1. A Tirania dos Opostos 09

2. O Que É e o Que Não É Meditação 15

3. A Tríplice Transformação 23

4. Cérebro – A Ponte entre o Corpo e a Mente 33

5. Percepção sem Atenção 43

6. A Liberação de Energia 57

7. A Alegria na Vida Espiritual 67

8. O Negativo e o Positivo 75

9. Ordem e Espaço 97

10. Perto e ainda assim Distante 107

11. Pensando sem Pensamento 117

12. A Construção de Imagens na Meditação 131

13. O Plano Detalhado 141

14. O Transbordar da Natureza 159

15. O Observador, mas não o Vigia 171

16. O Evento Misterioso 189

6 - Rohit Mehta

PREFÁCIO

Este livro é uma continuação dos meus dois livros anteriores intitulados: *Yoga - The Art of Integration* (*Yoga - A Arte da Integração*, publicado pela Ed. Teosófica), e *The Nameless Experience* (A Experiência Inominada). Nesses dois livros o tema da meditação foi amplamente abordado segundo as linhas da filosofia e da psicologia, com um enfoque bastante prático. Aqui o tema da meditação é discutido em termos de três constituintes principais, a saber: o cérebro, o mecanismo formador de hábito e a mente. Eu descrevi esses três como a revitalização do cérebro, a modificação do mecanismo do hábito, e a transformação da mente. Sugiro que os três façam parte do tema da meditação. Juntos, eles formam a totalidade da vida espiritual.

Desnecessário dizer que o cérebro é o único instrumento que temos para lidar com situações físicas. Ele é um instrumento de ajustamento e adaptação. Na época atual, em função do ritmo acelerado da vida, o cérebro tem que dominar a técnica da adaptação rápida. Mas o modo como ele funciona hoje é lento demais para lidar com as rápidas mudanças da vida. Alguns cientistas nos dizem que atualmente usamos apenas dez por cento do potencial do cérebro e que os outros noventa por cento estão em grande parte inoperantes. Para lidar com os desafios da vida, numa civilização em rápida mudança, é necessário fazer uso do potencial total do cérebro. Mas para isso o cérebro precisa de um suprimento muito maior de energia.

É nesse contexto que introduzi o tema do despertar da *Kundalini*, uma vez que por esse meio o cérebro pode conseguir a energia de que precisa. Mas para despertar a *Kundalini* não se precisa necessariamente seguir as intrincadas práticas de *Hatha Yoga*. Isso pode ser feito de uma maneira espontânea sem envolver perigos ou riscos; nem é necessária a orientação de um especialista. O livro trata dessa maneira espontânea de despertar a *Kundalini*, a energia biológica contida no mecanismo do corpo de homem.

Hoje em dia o homem tem de explorar o caminho meditativo se quiser resolver os muitos problemas desconcertantes de sua vida psicológica. O livro não está de modo algum direcionado para o desenvolvimento de poderes psíquicos ou ocultos.

A Ciência da Meditação - 7

A modificação do mecanismo do hábito e a transformação da mente lidam respectivamente com a forma e o espírito da vida espiritual do homem. Assim o cérebro, o hábito e a mente englobam todo o campo da meditação. Acredito que quando o homem de hoje estiver experienciando a desintegração interior e a desorganização exterior, esse tratamento prático do tema da meditação irá ajudá-lo até certo ponto na exploração das possibilidades de uma vida saudável e criativa em meio às devastadoras mudanças que estão ocorrendo em toda parte.

ROHIT MEHTA

CAPÍTULO 1

A TIRANIA DOS OPOSTOS

O homem moderno está em busca de alguma coisa que parece ter perdido. De modo bastante curioso ele não sabe o que de fato perdeu. Porém, tem um sentimento de que falta algo em sua vida sem o quê sua existência está destituída de significado e significação. Muitas das coisas adquiridas por ele em termos de conforto e patrimônio devem-se ao progresso da ciência e da tecnologia. Segundo qualquer padrão de história humana ele é próspero e, comparado a ele, seus antecessores mais ricos devem ser considerados como abjetamente pobres. Seu conforto e prosperidade parecem não ter limites, pois não se consegue visualizar qualquer interrupção no progresso tecnológico. Todavia o homem moderno experiencia um estranho fenômeno de pobreza em meio à fartura. Isso indica um hiato profundo entre os fatores subjetivos e objetivos da vida. Existe fartura no que diz respeito às condições objetivas da vida do homem. Mas em meio a essa fartura externa, o homem é internamente pobre, ou melhor, abjetamente pobre. Ele tenta preencher sua pobreza interna com as riquezas exteriores. Mas esse é um processo frustrante, pois a posse até mesmo de riquezas exteriores ilimitadas não conseguiria reduzir o estado de pobreza interior.

Foi esse vazio interior que tornou a fartura exterior destituída de qualquer sentido e propósito. Para que servem o conforto e a conveniência se não trazem paz e felicidade ao homem? Não sabendo como remover a pobreza interior, o homem moderno entra na corrida pela posse de cada vez mais objetos externos. Jamais houve na história humana uma lacuna tão ampla entre o interior e o exterior como hoje em dia. Nem o Deus tradicional, nem a religião convencional, nem a moralidade social, nem a filosofia intelectual podem preencher esta lacuna.

A vida é realmente um fluxo eterno onde tudo está em movimento tal como as corredeiras do rio mostram um fluxo incessante. O homem às vezes sente que o ambiente externo move-se muito rapidamente. Ele gostaria que o tempo parasse por um instante. O fluxo do tempo, porém, não conhece descanso nem pausa. Mas às vezes o homem sente que o tempo não parece mover-se suficientemente rápido. Essas flutuações no movimento do tempo são nada mais que as superimposições da mente sobre o fluxo normal do tempo. Assim o tempo, que é o movimento normal, natural da vida, é transformado, pelas projeções da mente do homem em uma barreira e um obstáculo.

E assim o tempo que pode ser e é o maior aliado e amigo do homem foi transformado em inimigo por meio das projeções às quais sua mente se entrega. E assim as situações criadas pelo fluxo do tempo, quer sejam rápidas ou lentas, parecem por demais penosas para o homem. Ele gostaria que o fluxo natural do tempo fosse sincronizado com o fluxo psicológico do tempo. Quando isso não acontece, ele se sente intensamente infeliz. Todos os seus esforços para controlar o fluxo natural do tempo parecem frustrantes. É no fluxo do tempo que jaz o processo de vir-a-ser do homem. Não é de admirar que todo o processo de vir-a-ser o cansa e exaure, pois o tempo parece mover-se lentamente quando ele quer o tempo avançando rapidamente, e parece ir rápido demais quando ele o quer desacelerando! O que deve o homem fazer quando enfrenta as situações criadas pelo movimento do tempo?

A mente humana, que criou a categoria fictícia do tempo psicológico, obviamente que pede ao homem para combater, e combater implacavelmente as situações criadas pelo fluxo do tempo natural. E assim ele espera sobrepor-se com sucesso ao movimento do tempo natural, o fluxo do tempo psicológico que pode seguir mais rápido ou mais lentamente segundo os ditames da mente. Mas uma luta assim é inglória, e contudo o homem continua a lutar contra as situações causadas pelo fluxo do tempo. Não é de admirar que uma luta assim dissipe as energias do homem resultando na sua incapacidade em fazer frente aos desafios cada vez mais novos apresentados pelo tempo. Quando compreende que a luta contra o tempo é inútil, ele submete-se aos assim chamados caprichos do tempo, esperando que o futuro lhe traga notícias mais alvissareiras. Mas o futuro esperado parece jamais chegar devido ao lento movimento do tempo. E assim a submissão, também, é inútil, pois também o cansa e exaure. A espera pelo futuro almejado parece interminável. Mas além da luta e da submissão não há outro caminho aberto à mente do homem. Alternar entre luta e submissão parece ser um movimento em um círculo fechado. A pessoa pode andar em círculos durante milênios, mas não será capaz de sair da prisão da mente mesmo após tão longa passagem do tempo. O que então deve o homem fazer? Se nem a luta nem a submissão lhe trazem alívio da tirania do tempo, aonde ele deve ir? A mente do homem não tem absolutamente qualquer resposta. Um movimento entre os dois pontos opostos é a única coisa que a mente é capaz de sugerir. Aqui os dois pontos opostos são luta e submissão.

As filosofias do Oriente apresentaram uma palavra diferente, carma, para indicar o fluxo do tempo. Carma é realmente o movimento do tempo, do passado para o futuro. O homem deseja obter o controle sobre esse movimento do carma, e é isso o que ele tenta fazer ao querer encobrir o movimento do tempo natural através da superimposição do fluxo do tempo criado pela mente a partir do seu próprio pano de fundo mental de gostos e aversões, de rejeições e indulgências. Mas como vimos, tal superimposição é inútil. É como esconder a cabeça na areia, como faz o avestruz, esperando que ao assim fazer a vontade existente se torne não existente. Uma tal superimposição implica em uma recusa de se ver O QUE É. É a partir de uma tal recusa que o homem engaja-se na luta ou na submissão. Luta-se contra aquilo que o carma traz, ou submete-se aos seus ditames esperando que ao assim fazer o futuro lhe traga alegria e felicidade. A questão é: O que mais pode o homem fazer? Além da luta e da submissão existe qualquer outra maneira de se lidar com as situações da vida?

A mente humana funciona formulando os dois opostos. O que é chamado tempo psicológico é nada mais que o movimento da mente entre estes dois pontos. Os dois pontos podem ter suas numerosas ramificações, mas ainda estão fundamentalmente circunscritos pelos dois pontos opostos: as alternativas da mente. E assim, em face de qualquer situação dada, a mente invariavelmente aponta para alternativas ou opostos. A abordagem da mente pode ser de um jeito ou de outro, e desse modo ao lidar com o problema do carma, ela pode falar de luta ou de submissão. Fora dos dois opostos a mente não tem existência. Ela existe apenas por um movimento de continuidade entre os dois opostos. Não se pode sair do círculo fechado dos opostos por nenhum processo mental. Os opostos podem estar vestidos de uma maneira nova, ou podem receber nomes diferentes – mas ainda permanecem os mesmos até onde diz respeito ao conteúdo. O pensamento deve mover-se dentro do terreno

A Ciência da Meditação - 11

dos opostos. Essa é a limitação inerente no que diz respeito ao processo de pensar. O pensamento só pode existir entre os opostos, e quanto mais definidos e claros forem os opostos, mais definido é o processo de pensar. Uma mente alerta é aquela que pode formular os opostos com referência a qualquer problema ou situação da maneira mais precisa e definida. Uma mente obtusa não vê os opostos, mas uma mente ativa, sim. E assim o modo que uma mente alerta pode indicar para lidar com os desafios da vida é o caminho dos opostos, o caminho da luta ou o caminho da submissão. A mente, pelo seu processo de pensar, não consegue visualizar nada mais.

Mas existe um Terceiro Caminho? Em caso afirmativo, o que é? Se não existe um Terceiro Caminho então o homem deve conformar-se com o fato de que seu problema jamais poderá ser resolvido. Mas certamente não deve ser assim. Deve haver um Terceiro Caminho. Porém, esse caminho não pode ser descrito; pode ser apenas experienciado. Pode ser descoberto, mas não pode ser definido. Se pudesse ser definido a mente se apossaria dele, e formularia o seu oposto, que em termos da mente seria o Quarto Caminho. Quando isso é feito, a mente pode mover-se entre os dois opostos recém-formulados, e assim uma vez mais adiar a solução dos problemas da vida. Um movimento entre os dois opostos é realmente um movimento de adiamento. E a mente está interessada em adiar a solução indefinidamente, pois só no adiamento pode a mente buscar sua continuidade.

Como sabemos se existe um Terceiro Caminho ao longo do qual os desafios da vida podem ser eficazmente enfrentados? Qual é o Caminho para sua descoberta? É bastante óbvio que o Caminho até ele não pode ser encontrado sem os limites do processo do pensamento. A não ser que ocorra uma interrupção na continuidade do pensamento esse novo caminho não pode ser descoberto. Essa quebra na continuidade pode ocorrer por apenas uma fração de segundo, ou pode ter uma duração maior. Mas a quebra é essencial, pois é apenas em tal quebra que pode ser obtida uma abertura no círculo fechado do pensamento.

A descoberta do Terceiro Caminho é possível apenas na experiência da meditação. A pessoa pode chamá-la de descoberta do Terceiro Caminho, ou pode chamá-la de abertura do Terceiro Olho. Não há diferença entre os dois. Somente na abertura do Terceiro Olho é que o Terceiro Caminho pode ser visualizado. A experiência da meditação não penetra o terreno da mente. Ela está fora do reino do pensamento, mesmo do pensamento mais sutil e mais abstrato. Mas a abertura do Terceiro Olho nada tem a ver com a posse de poderes ocultos, com o desenvolvimento de faculdades superfísicas como a clarividência. H.P Blavatsky disse em *A Doutrina Secreta*, enquanto escrevia sobre o Terceiro Olho:

> ...... a faculdade que se manifesta não é clarividência no sentido comum, isto é, o poder de ver à distância, mas, de fato, a faculdade de intuição espiritual, por meio da qual o conhecimento direto e certo é obtido. Essa faculdade está intimamente ligada ao Terceiro Olho.

O Terceiro Olho é o Olho de *Shiva* de acordo com a mitologia hindu. Ora, o próprio significado da palavra *Shiva* é bem-estar. E assim a abertura do Terceiro Olho confere ao homem bem-estar, felicidade ou bem-aventurança. É quando da abertura do Terceiro Olho que o homem é libertado dos conflitos. Com a abertura do Terceiro Olho tudo que é feio e impuro é destruído, e o homem torna-se internamente puro. Com a abertura desse olho é possível para o homem ver o Terceiro Caminho, longe da luta e da submissão, e trilhando-o ele pode resolver os problemas primitivos e desconcertantes da vida. Assim a abertura do Terceiro Olho e a descoberta do Terceiro Caminho são dois lados da mesma moeda. Aqui o homem é dotado do verdadeiro *insight* espiritual, que lhe permite sair do círculo fechado da mente e ver a vida de uma maneira nova. As energias que foram dissipadas nos conflitos criados pela mente são recuperadas, pois com a abertura do Terceiro Olho o homem descobre o segredo da renovação da energia. No caminho espiritual ele precisa de energia, ou melhor, precisa conhecer o segredo de renovar a energia. Na experiência da meditação, quando quer que ocorra, acontece a abertura do Terceiro Olho e, portanto, a descoberta do Terceiro Caminho.

O homem moderno está fortemente dilacerado pelos conflitos psicológicos interiores que são as criações da mente. É óbvio que a mente não pode resolvê-los; aliás, quanto mais ela tenta resolvê-los mais complicados eles se tornam. E assim o homem deve explorar um novo Caminho que não é o da mente. A mente deve estar no estado de "ausência de mente"*, para usar a fraseologia do *Maitri Upanishad*, se o homem quiser libertar-se dos conflitos intermináveis nos quais está preso. E é no estado de meditação que a mente pode entrar no estado de "ausência de mente". Desse modo a meditação torna-se imperativa para o homem moderno se ele quiser livrar-se das tensões, pressões e estresses da civilização tecnológica. Ele pode ignorar o caminho da meditação apenas para seu risco próprio. No círculo fechado da mente, um problema pode ser mudado, mas não resolvido. Mas a crise psicológica que tomou conta da humanidade é de uma natureza tão urgente que o homem não pode mais se permitir simplesmente mudar o problema, ou buscar um simples adiamento com respeito à sua resolução. O homem deve agir, e agir imediatamente, para sua própria sobrevivência psicológica. Para isso, ele deve explorar os segredos e mistérios da meditação. Que segredos são esses? E como podem ser eles revelados?

(*) *Mind-less*, no original. (N. ed. bras.)

CAPÍTULO 2

O QUE É E O QUE NÃO É MEDITAÇÃO

Diz-se, e com razão, que a vida é relacionamento, o que implica que viver é agir. A ação é uma parte essencial da vida. Devemos agir nas situações da vida de acordo com o fluxo que o carma nos traz. Mas a questão é: como agir corretamente? A ação correta foi definida como fazer a coisa correta, na hora correta, e da maneira correta. Este é o *que*, o *quando* e o *como* de todas as ações com referência aos desafios e impactos da vida. É de algum modo fácil entender o conteúdo e o padrão da ação, mas saber o momento exato para a sua execução parece extremamente difícil. Já que o tempo está num estado de fluxo constante, ou, para dizer de outra maneira, o tempo é em si mesmo o fluxo, antes que a pessoa possa tornar-se perceptiva de um momento, aquele momento mergulha no passado. E assim a questão prática é: como agir no momento correto sabendo que não se pode reter aquele momento por qualquer extensão de tempo? Mesmo se o conteúdo e o padrão da ação forem corretos, a exatidão do momento na execução da ação parece fora do alcance do homem. E todavia o sucesso de uma ação depende da sua execução no momento correto. Se o momento psicológico for perdido, uma ação, por mais nobre e perfeita que seja, deixa de produzir o resultado necessário. Como estar perceptivo do momento psicológico correto, e como agir naquele momento mesmo quando o momento em si mesmo não dura?

Nem é necessário assinalar que o momento correto é o momento presente, o momento intocado seja pelo passado ou pelo futuro. A mente humana no seu processo de pensamento move-se do passado para o futuro. Ela não está perceptiva do presente porque o presente é um momento eterno. A mente tem sua existência apenas no tempo, e já que o momento eterno implica na cessação do tempo, estar perceptivo do tempo requer a cessação do pensamento. É um estado onde a mente tem que realizar uma experiência de ausência-de-mente. Assim, uma percepção do momento presente implica na morte da mente. Desse modo, qualquer ação executada ou iniciada pela mente é uma reação seja de um passado lembrado ou de um futuro antecipado. A mente é um eterno estranho para a ação correta. As suas ações surgem dos dois opostos, passado e futuro. A pessoa só pode agir corretamente quando cessa o processo do pensamento. Esse é deveras o estado de meditação e, assim, o homem pode agir de maneira correta somente na percepção que lhe é conferida no estado de meditação. Se na meditação ocorre a abertura do Terceiro Olho, então certamente esse Olho traz a percepção daquele momento, o momento correto ou psicológico, no qual apenas a ação correta é possível. Deve-se entender que a percepção correta é a própria ação correta. O que o Terceiro Olho percebe é o Terceiro Caminho. Na percepção jaz o início da ação. No pensamento conceitual sempre existe a questão da reação. Na percepção, e, somente aí, nasce a verdadeira ação. Se tal percepção surge no momento da meditação, então a pessoa deve saber o que é meditação, qual a sua técnica, e o que ela faz para que ocorra a cessação do pensamento.

Mas antes que possamos compreender o que é meditação, devemos saber com clareza o que a meditação NÃO É. Existe muita confusão nas mentes das pessoas, tanto no Ocidente quanto no Oriente, referente ao tema da meditação. Isso se deve a essa confusão de que muitas práticas de meditação, mais espúrias que genuínas, estão em voga hoje em dia. A necessidade que o homem moderno tem da meditação é tão urgente que ele está disposto a fazer qualquer experimento que lhe seja sugerido no campo do *Yoga* e da meditação. Ele chegou ao limite de todos os seus esforços mentais e descobriu que, enquanto saía em busca de pão, tudo o que conseguia eram pedras.

Deve-se compreender com clareza que o tema da meditação não é um estado de inconsciência ou semiconsciência onde a pessoa fica completamente indiferente a todos os impactos dos sentidos. Existe uma idéia malconcebida sobre meditação que diz que a mente deve ser completamente retirada de todas as insinuações sensoriais. Nessas práticas sugere-se com muita freqüência que os olhos devam estar fechados e os ouvidos tapados para que a pessoa não veja nem ouça nada. Isso equivale a tornar a consciência absolutamente insensível. Certamente que isso não é meditação, pois meditação implica na percepção correta das coisas. A meditação também não implica processos violentos de respiração ou adoção de posturas desajeitadas e inconvenientes do corpo.

Às vezes sugere-se que a meditação seja a repetição de um certo mantra dado por um guru ou tirado de algum livro sagrado. Deve-se entender que todos os processos repetitivos entorpecem o cérebro e a mente. E esse entorpecimento é muitas vezes confundido com silêncio ou quietude.

A mente obtusa e a mente silenciosa são dois pólos opostos, pois enquanto a primeira é um estado de passividade, a outra denota uma condição de sensibilidade extraordinária. Na meditação, a mente do homem deve tornar-se sensível de modo que possa perceber aquilo que É, e não o que a mente projetou ou sobrepôs.

Existe uma falsa concepção comum com relação à meditação que diz que ela é um processo de pensamento profundo e intenso, que é um ato de reflexão prolongada sobre algum tema abstruso ou abstrato. Deve-se entender que meditação não é um processo de pensar, pois afinal de contas, através de qualquer ato de pensar, por mais prolongado e profundo que possa ser, a pessoa não consegue sair do círculo fechado da mente. A pessoa só consegue pensar sobre aquilo que conhece, e assim um tal pensamento deve manter-nos confinados ao círculo do conhecido. Desse modo o Desconhecido ou o Terceiro Caminho jamais pode ser encontrado nem mesmo pelo mais complexo processo de pensar. O ato de pensar irá manter-nos presos dentro do terreno dos opostos, mas a nossa necessidade fundamental é descobrir um caminho que transcenda as alternativas da mente. Assim sendo, a meditação não é um processo de pensar nem um processo de reflexão.

Se fosse esse o caso, então a pessoa deveria prontamente dizer que a meditação deve ser um processo de parar o ato de pensar. Mas meditação não é nem pensar nem é interrupção do pensamento. Observamos acima que o pensar não nos habilita a sair do círculo fechado da mente. O que dizer então da interrupção do pensamento? A pessoa tem que entender que o pensamento não pode ser interrompido; nem mesmo a maior força de vontade do homem pode parar o processo de pensar. O pensamento não pode ser interrompido por um esforço da mente, não importa quão tenaz ele seja. É como ir dormir. Certamente que nenhum esforço consciente pode levar o homem à restauradora experiência do

A Ciência da Meditação - **17**

sono. Quanto mais esforço a pessoa faça para dormir, tanto mais ela se afasta da experiência do sono. Se a meditação tem por objetivo uma interrupção consciente do pensamento, então a pessoa deve submeter-se a um esforço mental constante e frustrante, sem obter qualquer resultado salvo cansaço e exaustão. Meditação não é pensar, nem é uma interrupção do pensamento.

Acredita-se geralmente que a meditação requeira concentração sobre um tema nobre e elevado. Antes de mais nada a meditação não é um processo de concentração. Um tal processo é excludente por sua própria natureza, o que implica que certos pensamentos indesejáveis e desnecessários devam ser barrados. Mas como não é possível qualquer interrupção consciente do pensamento todos os processos de concentração estão fadados a se mostrarem inúteis. A meditação também não diz respeito a qualquer tema particular. Apenas porque o tema é Deus, a Verdade, a Beleza, a Bondade, ou qualquer outro conceito nobre e elevado, nem por isso a pessoa aproxima-se um pouco sequer da meditação. Em última análise a meditação é destituída de todos os temas. Todos os temas devem ser abandonados antes de a pessoa chegar à cintilante experiência da meditação. E assim não importa onde e com que tema a pessoa comece sua meditação. Mesmo o tema mais nobre e mais elevado tem que ser abandonado antes da chegada da experiência da meditação.

Observamos acima que a meditação não é um ato de concentração que deva resultar num processo de exclusão. Toda exclusão implica uma interrupção consciente do pensamento ou de certos tipos de pensamentos. A pessoa está apta a acreditar que se a meditação não é um processo excludente de concentração, então certamente deve ser um ato de absorção. Desnecessário dizer que na absorção há identificação em vez de exclusão. Identificação certamente é uma outra palavra para indulgência. Se exclusão é resistência, absorção é identificação. Estamos mais uma vez presos nos opostos da mente. Os opostos da mente formam um casal; não se pode ter um sem ter o outro também. É óbvio que a indulgência deve nutrir a resistência, assim como a resistência deve surgir da indulgência. Além disso, por trás da absorção pode-se ver o funcionamento de uma psicologia infantil. Deve haver alguma coisa na qual a pessoa fique absorta. Enquanto a pessoa puder brincar com aquela 'coisa', ela está livre dos fatores da mente que causam distrações.

Essa coisa pode ser uma gravura ou uma imagem, pode ser um mantra ou uma frase sublime. Não importa o que seja, pois é um brinquedo que é necessário para se manter absorto do mesmo modo que uma criança precisa de um brinquedo para brincar. Imersa no brinquedo, a criança não chora; mas retire-se-lhe o brinquedo, e ela perde-se em chiliques incontroláveis. Os assim-chamados adultos não são, porém, nada diferentes, muito embora seus brinquedos possam sê-lo. Falta maturidade à mente que precisa de estímulo externo para ficar quieta, ao passo que a experiência da meditação pode chegar à mente que seja extraordinariamente madura, e portanto auto-suficiente. Meditação não é nem resistência nem indulgência com relação a qualquer forma de pensamento. Nem pensar nem parar de pensar. Esse é o paradoxo com o qual somos confrontados à medida que nos aprofundamos na compreensão da meditação.

O que é esse estado de não pensar nem interromper o pensamento, não resistir nem induzir, não excluir nem identificar? No antigo e profundo livro de Kashmir Saivism intitulado *Vijñânabhairava*, existe uma instrução dada ao estudante de meditação que diz 'Mantém-te atento entre as duas respirações'. Mais adiante pede ao estudante para compreender o estado 'aonde o sono ainda não chegou, mas o estado de vigília já desapareceu'. A mente do homem não consegue compreender o estado de não estar nem dormindo nem desperto. Essa não é uma condição de se estar semi-adormecido e semidesperto. É um estado onde não há nem sono nem vigília. Obviamente que esse estado refere-se a um intervalo – um intervalo entre duas respirações, um intervalo entre dois pensamentos ou entre duas experiências. A mente do homem não conhece um tal intervalo, pois sempre lança uma tela de continuidade sobre tudo que acontece. Confere continuidade a quadros que de outro modo estariam estáticos através da atuação do seu próprio mecanismo de projeção. É esse projetor que oculta o intervalo. E assim o que vemos é somente a continuidade, mas o fenômeno da vida é descontinuidade em meio à continuidade, insinuações do não-Manifesto em meio à manifestação. Se virmos apenas o movimento incessante da manifestação e jamais compreendermos a serenidade do Não-Manifesto, então o movimento da manifestação estará despojado de todo significado. É através das intimações do Não-Manifesto que o Manifesto passa a fazer senti-

A Ciência da Meditação - 19

do. Mas tais intimações só podem ser sentidas ou experienciadas no intervalo de descontinuidade. A percepção do intervalo chega somente ao Terceiro Olho, e é somente no intervalo que o Terceiro Olho pode ser encontrado. Em *A Voz do Silêncio*, H.P. Blavatsky fala sobre:

> ..... a correta percepção das coisas existentes, o conhecimento do não-existente.

O Terceiro Olho, o olho do *insight* espiritual, possui a percepção correta das coisas existentes e, portanto, traz à pessoa o conhecimento do não-existente.

É bom que se note que o Não-existente não é o invisível, pois enquanto esse último tem existência nos planos não-físicos, aquele é o Não-Manifesto. Quando se tem a percepção correta das coisas em existência, então se compreende que o Não-Manifesto é realmente a base na qual o Manifesto existe. É o Não-Manifesto que sustenta o Manifesto. Todos os movimentos do Manifesto, todos seus processos de vir-a-ser, derivam seu significado e significação do Não-Manifesto. Mas as intimações do Não-Manifesto chegam ao campo da manifestação somente no intervalo entre dois movimentos, duas respirações ou dois pensamentos. É no intervalo que a visão do todo é concedida ao homem. E a meditação é realmente a percepção do intervalo. Mas isso só é possível quando cessam as projeções contínuas da mente. Quando um pensamento tiver cessado e outro não tiver começado, surge o momento atemporal do intervalo. É verdadeiramente um intervalo criativo, pois aqui se obtém a intimação do Não-Manifesto, em função da qual o Manifesto pode encontrar nova direção para seu movimento. A experiência do intervalo é verdadeiramente a experiência da meditação. O intervalo não pode ser descrito, nem pode ser definido. É um momento atemporal que não pode ter extensões no tempo.

Mas meditação significa apenas uma percepção do intervalo? O que acontece após a percepção? Certamente que a meditação não é uma fuga para a terra da Bem-aventurança ou Nirvana. A consciência do homem não pode permanecer sempre no momento atemporal. Ela funciona na esfera do tempo. A experiência do momento atemporal indica uma negação do processo do tempo? Se assim for, uma tal meditação não tem validade na vida diária do homem. Não pode ter relevância na solução dos desconcertantes problemas da vida. O homem que medita não é apenas o que ascendeu, ele é também o que caiu. Do momento atemporal ele deve retornar à esfera do tempo. Mas a questão é: será que tal queda não trará frustração à sua vida? Será que o reino do tempo irá reconhecer a linguagem do momento atemporal? Com que instrumentos irá o homem que medita transmitir as intimações do Não-Manifesto? Não serão tais intimações abafadas pelas atividades contínuas, e às vezes implacáveis do Manifesto? Se a meditação é uma fuga das realidades da vida, então ela não tem validade. E se a meditação não produz a transformação total do ser, de modo que possa trasladar a intimação do atemporal para a esfera do tempo, então ela não tem relevância alguma com relação às lutas e desordens da vida diária.

O tema da meditação deve ser explorado tanto em extensão quanto em profundidade. Em sua profundidade ele fala da comunhão com o Não-Manifesto – o Não-existente, para empregar a frase usada por H.P. Blavatsky. Mas a meditação, como é entendida em termos de extensão, refere-se à comunicação das intimações do Não-Manifesto a todo o terreno da manifestação de modo que os campos ressecados da vida diária possam ser irrigados com as águas frescas da experiência transcendental e atemporal concedida naquela percepção do intervalo que verdadeiramente é o âmago da meditação. O homem espiritualizado tem que ser tanto eficaz quanto eficiente. Sua eficácia depende de como recebe as intimações do Não-Manifesto, mas sua eficiência depende de sua habilidade em traduzir essas intimações para a linguagem do dia-a-dia do mundo.

O homem moderno deve sofrer uma total transformação em sua vida se quiser encontrar soluções duradouras para os problemas desconcertantes da vida. Isso demanda o estabelecimento de um ritmo, um ritmo contínuo, entre comunhão e comunicação, entre as intimações do Não-Manifesto, e suas traduções na vida diária do homem. O que é essa transformação total, e como deve o homem chegar até ela de modo que o processo de vir-a-ser seja constantemente inspirado pelo toque da Existência?

A Ciência da Meditação - **21**

22 - Rohit Mehta

CAPÍTULO 3

A TRÍPLICE TRANSFORMAÇÃO

É bastante óbvio que funcionando simplesmente no plano da mente não se pode resolver os problemas criados pela própria mente. A pessoa tem de alçar-se a uma dimensão mais elevada para entender, na perspectiva correta, as situações em operação na dimensão inferior. É somente mediante tal percepção que se pode resolver satisfatoriamente os problemas que prevalecem no nível da dimensão inferior. Um simples movimento linear não ajuda; tem de haver um movimento vertical para se compreender as situações da vida em profundidade. Um movimento linear denota uma extensão de consciência, ao longo da mesma dimensão de existência. Um movimento vertical indica uma expansão de consciência de modo a tocar uma existência dimensional mais elevada. Uma expansão de consciência é um movimento em profundidade. Paul Tillich diz que o homem moderno perdeu uma dimensão de sua existência, a dimensão de profundidade. Ele diz ainda:

> O homem moderno busca profundidade movendo-se na superfície. Mas a profundidade só é conhecida quando revela a si mesma, e sempre recua ante a mente investigativa.

A mente investigativa encontra aquilo que ela já projetou; e somente quando cessam as atividades da mente investigativa é que se pode compreender a profundidade. Assim, para entender qualquer coisa em profundidade necessita-se de silêncio total no reino da mente investigativa. O silêncio da mente investigativa é realmente a experiência da meditação. É isso que dá início a uma transformação total no homem. Essa transformação do homem tem fundamentalmente dois constituintes: primeiro, o processo de ascensão, e depois, a experiência da descida. A ascensão, por mais íngreme e rigorosa que possa ser, não produzirá frutos. Tem que haver uma descida para trazer a jornada espiritual à sua realização. Com a descida surge a nova perspectiva dimensional.

A Ciência da Meditação - 23

Alcançar a nova dimensão não é resultado da ascensão, pois o processo de ascensão é nada mais que um ato de extensão, não de expansão. As vidas espiritual e religiosa não são idênticas. Essa constitui um movimento linear enquanto aquela denota movimento vertical, ou um movimento dimensional. O *Bhagavad-Gita*, no seu Segundo Discurso, fala sobre o movimento vertical ou dimensional quando diz:

> Aquilo que é a noite de todos os seres, para o homem espiritual é a hora do despertar; quando os outros seres estão despertando, então é noite para o homem de *insight* espiritual.

Tal mudança dimensional indica uma transformação total nas diferentes camadas da consciência do homem. A vida espiritual não é uma simples vida de modificação, ela significa uma mutação psicológica onde todas as partes do ser sofrem uma mudança total. A meditação, que é a porta para o *insight* espiritual, exige essa transformação total. É no pano de fundo de tal transformação que chega a estimulante experiência da meditação. Psicologicamente falando, essa transformação se dá tanto nos níveis consciente quanto subconsciente. Não apenas isso, a transformação é tal que a consciência da pessoa abre-se ao impacto direto oriundo do inconsciente, ou, melhor ainda, do Inconsciente Universal. Os budistas chamam a isso de *Alaya*. H.P. Blavatsky diz em *A Voz do Silêncio*:

> Observa que do mesmo modo que a lua, refletida nas ondas tranqüilas, *Alaya* é refletido pelo pequeno e pelo grande, é refletido nos mais ínfimos átomos, e ainda assim não consegue alcançar o coração de todos. Ai de mim, que tão poucos homens possam fazer bom uso deste dom, a dádiva inestimável do aprendizado da verdade. . . .

Abrir a própria consciência a esse inestimável dom do aprendizado da verdade é receber a bênção de cima. Essa é deveras a descida, mas a experiência da descida surge quando se dissolveu o subconsciente ou o inconsciente pessoal, pois enquanto o inconsciente pessoal subsistir, o contato com o Inconsciente Universal não poderá ser estabelecido. A meditação exige uma total transformação da natureza tripla, a saber, do consciente, do subconsciente e do inconsciente. A mudança no nível consciente indica o estabelecimento de um relacionamento direto com o inconsciente de modo que a porta entre o consciente e o inconsciente seja escancarada, propiciando uma fácil passagem entre os dois. Como foi dito acima, a Tríplice Transformação é condição *sine qua non* para a verdadeira meditação.

Patañjali nos seus *Yoga Sutras* fala da tríplice transformação da mente no contexto de *Dharana-Dhiana-Samadhi* que, de acordo com ele, têm de ser considerados juntos.

H.P. Blavatsky no seu livro *A Voz do Silêncio* também fala da tríplice transformação. Ela diz:

> Três Vestíbulos, ó fatigado peregrino, levam ao fim da labuta. Três Vestíbulos, Ó conquistador de Mara, levar-te-ão através de três estados até o quarto. . . daí até os mundos do Repouso Eterno.

O símile dos Três Vestíbulos usados por H.P. Blavatsky descreve a mesma tríplice transformação sobre a qual falamos acima. Sri Aurobindo nas suas *Letters on Yoga* fala da tríplice transformação do físico, do vital e do mental. O que significa essa tríplice transformação em termos de vida diária? Se a experiência da meditação surge somente no despertar da tríplice transformação, então devemos saber o que é preciso ser feito na vida diária para se chegar até ela, onde unicamente, o Terceiro Caminho pode ser encontrado, o Caminho, que ao ser trilhado, pode levar o homem à solução permanente dos desconcertantes problemas da vida.

Em qualquer ato de meditação três fatores estão envolvidos. Primeiro, o cérebro e seu funcionamento; segundo, os padrões de comportamento e o funcionamento do mecanismo do hábito; e terceiro, a mente e sua qualidade. A tríplice transformação exige que deva haver mudança no funcionamento do cérebro, no funcionamento do mecanismo do hábito e no funcionamento da mente.

Deve-se notar com clareza que mente e cérebro não são idênticos. Há ainda uma controvérsia em andamento nos círculos científicos e psi-

A Ciência da Meditação - 25

cológicos sobre se são idênticos; e se não são, como estão relacionados entre si? Tem havido muitas teorias como Epifenômeno e Paralelismo, nas quais não precisamos adentrar. Basta dizer que as modernas pesquisas na Parapsicologia, tanto nos fenômenos *psi* quanto *pki*, têm indicado que mente e cérebro são diferentes muito embora relacionados entre si. Utilizando-se um símile, a mente pode ser comparada a uma estação de rádio, e o cérebro a um aparelho de rádio. A estação de rádio funciona com muitas freqüências, e é bem possível que o aparelho de rádio particular seja incapaz de captar todos os programas transmitidos ao longo de todos os comprimentos de ondas. Somente porque o aparelho de rádio não é capaz de captar um determinado comprimento de onda não significa que não esteja havendo transmissão ao longo daquela freqüência particular. O cérebro humano, como está constituído hoje, pode estar perdendo muitas das transmissões enviadas pela estação de rádio que é a mente humana. O Professor Penfield, que é uma grande autoridade em cérebro humano, enquanto concorda que haja muitos mecanismos demonstráveis no cérebro que funcionam de modo bem mecânico quando chamados à ação, pergunta:

> Mas qual é o agente que requisita estes mecanismos, escolhendo um em detrimento de outro? Será um outro mecanismo ou existe na mente algo de essência diferente? . . . Concluindo, deve-se dizer que não existe ainda qualquer prova científica de que o cérebro possa controlar a mente ou explicá-la completamente. As suposições dos materialistas jamais foram consubstanciadas.

A afirmação acima, feita por alguém que é uma autoridade no assunto cérebro humano, indica a necessidade de se postular a existência de alguma entidade que tenha o poder de pôr um mecanismo cerebral em movimento em detrimento de outro tal mecanismo, como um dispositivo mais adequado para ir ao encontro das necessidades de um estímulo recebido ou de um desafio imposto pela vida. Vivemos numa era de computação mecânica onde têm sido produzidos computadores memoráveis que resolvem intricados problemas em questão de poucos segundos ou minutos. Embora isso seja verdade, ainda não foi desenvolvido um computador estabelecedor de metas. Deve-se dar ao computador uma meta ou uma direção, e quando isso é feito ele pode mover-se com extraordinária velocidade para produzir o resultado. Não há dúvida de que o cérebro age como um computador, mas ele tem de ser apropriadamente alimentado. Não apenas isso, é preciso dar-lhe uma meta ou uma direção para onde se mover. Para entender o mecanismo estabelecedor de metas e solucionador de problemas, devemos examinar o funcionamento tanto da mente quanto do cérebro. Isso é essencial se quisermos lançar as bases apropriadas para se erigir a estupenda estrutura da meditação.

Diz-se que enquanto o cérebro assemelha-se a um computador, não há computador que seja como o cérebro. O mecanismo do cérebro é por demais impressionante. Possui inteligência notável para lidar com as variadas situações da vida. Ele cuida das necessidades do corpo de uma maneira difícil de entender. John Pfeiffer diz em seu livro *Human Brain* (O Cérebro Humano):

> . . . o açúcar é uma das substâncias construtoras da energia do corpo e devemos ingeri-lo na quantidade certa, nem mais nem menos. Caminhamos sobre uma corda bamba entre o coma e a convulsão, resultado de possíveis mudanças relativamente leves nos níveis de açúcar no sangue. Mas o cérebro geralmente recebe informação antecipada sobre problemas pendentes. Ele recebe um fluxo constante de informações sobre os níveis correntes de açúcar, e faz os ajustamentos de maneira tão eficaz quanto um piloto guiando um aeroplano através de uma tempestade. Se houver açúcar demais, o excesso é queimado e excretado. Se houver de menos, o fígado é instruído a liberar a quantidade apropriada de reserva de açúcar. Observe no que implica tal controle. O cérebro deve saber o nível de açúcar adequado, cerca de 30 ml para cada meio litro de sangue, em média. Ele deve seguir padrões semelhantes na regulagem da respiração (a maioria de nós inspira e expira dezoito a vinte vezes por minuto) e dos batimentos cardíacos (cerca de 70 vezes por minuto) e na manutenção da temperatura do corpo em 36 graus Celsius.

Podem ser citados muitos exemplos semelhantes denotando a notável engenhosidade do cérebro humano em lidar com a regulação apropriada das necessidades corporais. O bem-estar biológico do corpo está perfeitamente seguro nas mãos deste notável instrumento construído pela natureza, a saber, o cérebro humano.

Temos que lembrar que o cérebro humano tem dois componentes, um, o cérebro velho e o outro, o cérebro novo. O cérebro velho é a nossa herança da existência animal, ou pode ser, até mesmo anterior a isso. Mas lá está o cérebro novo, o córtex, que é o resultado da evolução humana, pertence inteiramente à humanidade, e é, portanto, comparativamente jovem. É um órgão em crescimento uma vez que a humanidade ainda está na sua infância, ou somente no estágio pós-infantil em termos de processo evolucionário. O cérebro forma uma parte muito importante em toda a história evolucionária. A evolução, como é estudada pela ciência, nos diz que o cérebro tem sido o fator determinante no jogo da sobrevivência. A história evolucionária revela que houve um tempo em que a terra foi dominada por criaturas enormes e possantes, como os dinossauros. Houve um período na história da natureza quando esses gigantes moviam-se como se a terra existisse somente para eles. Todavia, quando abrimos o capítulo seguinte da história evolucionária descobrimos que essas criaturas enormes desapareceram e o seu lugar foi tomado por criaturas diminutas cuja existência não era sequer notada por esses animais gigantescos. Qual foi o segredo desta estranha substituição dos gigantes por criaturas tão pequenas e diminutas? O segredo deve ser encontrado no fato de que enquanto aqueles tinham cérebros com adaptabilidade muito limitada, esses tinham cérebros com maior poder de ajustamento. E na luta pela sobrevivência, aqueles que tinham maior capacidade cerebral continuaram a existir, enquanto aqueles com menor capacidade foram varridos do mapa. Perderam o jogo da sobrevivência. Assim, o papel do cérebro é tal que ele exerce uma influência determinante nas tendências do movimento evolucionário. Aqueles que tinham cérebros pequenos tinham uma gama limitada de adaptação. Enquanto as mudanças geológicas ou de outro tipo foram lentas sobre a face da terra, não surgiu a questão da adaptação mais ampla e mutante. Quando as condições na Terra eram comparativamente estáticas, as criaturas que tinham sobrevivido até então podiam continuar mesmo com a limitada capacidade cerebral. Mas quando as mudanças na Terra tornaram-se rápidas, o jogo da sobrevivência tornou-se cada vez mais feroz. Essas mudanças necessitavam capacidade de ajustamento e adaptação mais rápida e mais ampla. Isso acarretou o desenvolvimento de maior capacidade cerebral, pois o cérebro é o único instrumento de adaptação às condições exteriores da vida. Durante certos momentos críticos da história evolucionária, sempre surgiu a necessidade de uma adaptação mais nova. É durante tais períodos críticos e crises geológicas, que um maior poder de adaptação cerebral torna-se necessário. Na luta pela existência, foi a maior capacidade cerebral que assegurou a sobrevivência. Desse modo o cérebro exerceu uma poderosa influência na luta evolucionária. O homem foi bem-sucedido contra a besta por causa deste maior poder cerebral. Em força muscular o homem era fraco comparado aos animais fortes e poderosos da floresta. Mas a maior capacidade cerebral do homem permitiu-lhe sair vitorioso no jogo da adaptação. O homem possui um cérebro cujos poderes são por demais surpreendentes, e ainda assim o cérebro novo é apenas uma criança, capaz de infinito crescimento nos seus poderes de ajustamento e adaptação.

É um fato estabelecido que existe um estreito relacionamento entre mente e corpo. O predomínio das doenças psicossomáticas tem provado que mente e corpo estão intimamente ligados um ao outro. Não é apenas o fato de que a mente afeta o corpo, mas é também o fato de que o corpo afeta a mente. Mesmo nas disciplinas religiosas tradicionais pede-se ao aspirante para ser cuidadoso com respeito ao seu alimento, pois o alimento parece afetar a condição da mente. Acredita-se que a alimentação quente e estimulante excite a mente a ponto de ela não poder perseguir suas profundas atividades reflexivas. Pede-se ao homem que medita para abster-se de certos tipos de alimentação e bebida. Isso mostra que existe um inter-relacionamento entre a mente e o corpo. Não é apenas o corpo que afeta a mente, isso se dá também ao contrário – a mente afetando o corpo.

Ao elevar-se aos reinos metafísico, estético ou matemático, a mente não pode também deixar de afetar o cérebro enquanto ele estiver engajado nessas atividades. Se o cérebro não for afetado, então as aventuras da mente estão fadadas a se tornarem estéreis, pois não haverá efeito correspondente sobre as ações e os comportamentos físicos da pessoa. Uma experiência espiritual necessita refletir-se em padrões e ações corporais. E assim, para uma vida espiritual e intelectual saudável devem, mente e corpo, funcionar juntos. Se a mente estiver ativa e o cérebro passivo e sem responder, então a pessoa está fadada a sentir-se frustrada. De modo semelhante se o cérebro estiver muito ativo e a mente estiver perdida na inércia do passado, então isso também faria surgir um estado doentio. A mente e o cérebro devem encontrar-se no mesmo nível, ao mesmo tempo e com a mesma intensidade, se a pessoa quiser levar uma vida saudável e criativa.

Infelizmente nos tratados espirituais, tanto antigos quanto modernos, não se dá atenção suficiente aos problemas do cérebro. Presume-se que nos assuntos espirituais e de *Yoga*, o cérebro não serve para coisa alguma. E, assim, ele pode ser ignorado em todas as disciplinas espirituais sérias. Nada pode estar mais afastado da verdade. Em todas as aventuras espirituais tanto o cérebro quanto a mente devem estar plenamente envolvidos. Não basta que a pessoa esteja apenas preocupada em mudar a qualidade da mente, ela tem que considerar também a capacidade do cérebro de traduzir as grandes conquistas da mente no nível dos padrões de comportamento e de atividades corporais.

Vimos na história da evolução, que durante períodos de crises físicas, as unidades de vida que possuíam maior capacidade cerebral foram capazes de sobreviver, enquanto outras, por mais fortes e poderosas que fossem em estrutura corporal, foram varridas do mapa. Assim o cérebro é o fator principal na luta pela sobrevivência biológica. No nível humano não é apenas a sobrevivência biológica que importa. Existe também o problema da sobrevivência psicológica. Mas esses dois não podem ser separados, já que a sobrevivência psicológica requer uma forte base biológica. A questão da sobrevivência psicológica tornar-se-ia insignificante se não houvesse sobrevivência biológica. É um fenômeno psicossomático.

O homem está testemunhando hoje uma crise sem precedentes onde tanto a sobrevivência psicológica quanto a psicossomática estão em jogo. E, assim, é da maior importância que uma séria atenção seja dada ao problema tanto da mente quanto do cérebro, pois ambos devem funcionar de tal maneira que possam lidar eficazmente com os novos desafios da vida. O *Pundit* Gopi Krishna, no seu livro *Kundalini - The Evolutionary Energy in Man*, diz:

É um grande equívoco tratar o homem como um produto totalmente terminado e hermeticamente selado, inteiramente incapaz de passar além dos limites impostos pela sua constituição mental. Há um grande abismo entre ele e os antropóides mais inteligentes, de cujos hábitos, diz-se, ele compartilhava há apenas alguns milhares de séculos, avançando de maneira inexplicável além das fronteiras mentais alcançadas pelos membros daquela família.

A situação humana hoje em dia é tal que uma nova espécie de homem deve nascer se a presente crise de consciência tiver que ser resolvida. A nova espécie de homem certamente será fundamentalmente psicológica. Mas uma espécie psicológica não pode vir a existir sem uma mudança apropriada no nível do cérebro humano. As atividades da mente e do cérebro devem sincronizar-se, pois a nova espécie psicológica de homem deve também funcionar nos níveis físico e biológico. Se o mecanismo biológico não corresponder ao mecanismo físico, então um conflito novo e mais violento deve surgir. E já se ouvem os ribombos de um tal conflito na civilização de hoje.

Devemos interrogar quanto à natureza do mecanismo biológico antes de considerarmos seriamente as mudanças no mecanismo mental, pois para se poder ir longe deve-se começar perto. E certamente que o cérebro humano é o ponto mais próximo de onde se pode começar a estupenda jornada da escalada do Everest espiritual da vida. Mas antes de podermos considerar a questão do novo mecanismo biológico, devemos compreender com clareza o papel e as funções do cérebro humano com referência à jornada espiritual da pessoa.

32 - Rohit Mehta

CAPÍTULO 4

CÉREBRO - A PONTE ENTRE O CORPO E A MENTE

O cérebro humano tem diversas funções para desempenhar. Ele está ocupado a maior parte do dia e da noite. Recebe constantemente, a cada segundo, numerosos relatórios dos cinco sentidos. Emite instruções às várias partes do corpo segundo suas necessidades. Tem de agir de modo especial durante as emergências biológicas. Tem que processar todos os relatórios dos sentidos e transformá-los em percepções. Uma de suas principais funções é servir de ponte entre o corpo e a mente. Sobre essa ponte flui continuamente um tráfego em mão dupla. O cérebro transmite informações à mente sob a forma de percepções formadas a partir das numerosas sensações. A percepção é constituída da coordenação das sensações. Pela ponte do cérebro também chegam instruções e mensagens da mente. É uma ponte muito mais usada do que qualquer outra no mundo. Tais são as variadas funções do cérebro que são desempenhadas com extraordinária eficiência.

Dizem que a cada segundo os órgãos dos sentidos recebem mais de dez milhões de sensações. Nem todas elas são enviadas ao cérebro para processamento. A maior parte delas é tratada pelos próprios órgãos dos sentidos. Eles agem como secretários e assistentes em um vasto secretariado. Somente cerca de uma centena desses relatórios por segundo chega ao cérebro para a sua atenção. Esses, o cérebro processa, e então envia instruções aos vários órgãos para a ação adequada. Um número bem grande dessas questões maiores recebidas pelo cérebro é também transmitido à mente para a sua informação e ação necessária. O secretariado do cérebro humano é talvez a organização deste tipo mais ocupada, não se encontrando igual em nenhum outro lugar sobre a Terra, nem mesmo nos grandes países ou nos escritórios das grandes potências.

Para efeito dos nossos estudos sobre meditação, interessa-nos principalmente o funcionamento do cérebro humano como uma ponte. Essa

A Ciência da Meditação - 33

função é a mais relevante para a compreensão dos problemas referentes ao *Yoga* e à Meditação. Portanto, não iremos entrar nas maravilhas do cérebro, muito embora esse assunto seja intensamente fascinante. Se o cérebro humano é uma ponte entre a mente e o corpo, qual é a natureza da ponte? Qual é sua capacidade, e é necessário fortalecê-lo, levando em consideração o tráfego que passa sobre ele?

A nossa experiência comum nos diz que sempre permanece um abismo entre nossos ideais e nossas ações, entre nossas aspirações conceituais e nossos padrões de comportamento. Aquilo em que acreditamos geralmente não é refletido em nosso comportamento. Existe um abismo enorme, um hiato profundo, entre os vôos da mente e as respostas do corpo. Há vários fatores envolvidos nesse fenômeno – mas um dos fatores principais é a inabilidade da ponte, que conecta a mente ao corpo, de dar vazão ao tráfego pesado que emana da mente. A ponte é fraca demais para suportar essa carga. Desnecessário dizer que a ponte é o cérebro humano. E assim, a não ser que a ponte seja consideravelmente reforçada, o abismo entre crença e comportamento irá continuar, causando frustração e desânimo em nossas buscas espirituais. O que causou essa inabilidade da ponte em dar vazão ao tráfego pesado, e como pode a ponte ser reforçada?

Isso exige uma compreensão clara do estado do nosso cérebro e do modo como funciona. A investigação científica tem observado que usamos apenas uma pequena parte de nosso cérebro. Bruce Bliven disse, enquanto escrevia sobre os inimaginados poderes do cérebro, que "as pessoas em geral empregam apenas dez a doze por cento da capacidade de seus cérebros". Isso significa que quase noventa por cento do cérebro não é utilizado. Não é de admirar que esse desuso constante tenha atrofiado aquelas partes do cérebro, se não as paralisado. Vivemos em um mundo muito pequeno, pois a maior parte do mundo está separada de nosso alcance devido à incapacidade do cérebro para responder. Não conseguimos ver e ouvir as nuanças sutis da natureza e da vida. A atual capacidade do nosso cérebro foi desenvolvida quando as condições externas não se moviam tão rapidamente como hoje em dia. A vida era comparativamente lenta, e, assim, o cérebro, como funciona hoje, era capaz de lidar com as situações que operavam então. Mas a vida de hoje está se movendo a uma velocidade impressionante, o ritmo das condições externas cresceu mil vezes, se não mais. É óbvio que a capacidade cerebral do período lento não pode enfrentar os desafios do rápido movimento das civilizações de hoje em dia.

É verdade que é a mente que enfrenta os desafios da vida, particularmente aqueles de natureza psicológica. Mas então as respostas da mente devem ser traduzidas em nível físico, pois vivemos no plano físico e temos que agir nesse plano. Os problemas de relacionamento humano, mesmo que emanem do nível mental, têm de ser resolvidos em termos de ações e padrões de comportamento no plano físico. Quer as decisões da mente estejam certas ou erradas, elas devem ser traduzidas no nível de ações físicas. E já que todas as ações físicas têm sua fonte no cérebro, é imperativa a necessidade de se fortalecer o potencial do cérebro de modo que ele possa responder aos mais sutis impactos da mente, traduzindo-os em termos de ações corporais apropriadas.

Como dissemos, a capacidade cerebral que foi adequada durante os períodos primitivos não parece sê-lo na era atual, de ritmo frenético, onde as mudanças ocorrem tão rapidamente que, a não ser que o cérebro possa iniciar respostas rápidas de adaptação, podem surgir sentimentos de frustração e desespero. E esses já são visíveis na vida do homem moderno. O grande desassossego que vemos em toda parte e em todos os departamentos da vida é uma indicação clara desse sentimento de frustração. A frustração é em parte psicológica porque a mente é incapaz de fazer a escolha correta, e também em parte devido à incapacidade do cérebro em traduzir as decisões a que a mente tenha chegado. Em suma, a ponte que é constituída pelo cérebro humano é extremamente frágil comparada à carga que precisa suportar.

A dificuldade que atrapalha o lidar com o problema do cérebro de maneira eficaz deve-se a dois fatores. Primeiro, a atitude das assim-chamadas pessoas de mente científica que não fazem distinção entre a mente e o cérebro, e, assim, os tratam como se fossem idênticos. Mas o segundo fator é que as assim-chamadas pessoas espiritualmente inclinadas subestimam o papel do cérebro, e, portanto, não lhe prestam qualquer atenção séria. Franz Wincler, no seu livro: *Man: The Bridge Between Two Worlds*, explica o problema do relacionamento mente-cérebro de maneira admirável nas seguintes palavras:

A polaridade entre o objeto externo e seu reflexo mental está espelhada na polaridade entre a fisiologia de nosso cérebro e a psicologia de nossa mente. O cérebro em si mesmo pode muito bem ser considerado a maior de todas as maravilhas sobre a Terra. Pois a sua estrutura comporta a mais perfeita impressão do pensamento criativo na matéria criada. Não é de admirar que muitos cientistas confundam o instrumento com o instrumentista, e considerem os pensamentos um produto do cérebro, como se fossem hormônios produzidos por uma glândula. Isso é absurdo, porque o hormônio, como todo outro produto oriundo de uma substância, tem propriedades naturais, tais como propriedades físicas e químicas, de que os pensamentos estão totalmente destituídos. Pensar não é mais um produto do cérebro do que a música um produto do piano. Não obstante, as propriedades físicas do instrumento irão, em grande parte, determinar a qualidade da música que é tocada.

Enquanto o cérebro é o instrumento musical, a mente é o executante da música. Quer o executante seja versado em música ou não, ou quer a música do executante tenha boa qualidade ou não, será considerado quando chegarmos à transformação da qualidade da própria mente. Isso formará parte da meditação na sua terceira fase de transformação, sendo as duas outras a transformação do cérebro e a transformação do mecanismo reativo do hábito. Em nossa atual discussão estamos preocupados não com o executante da música, mas com o instrumento musical. Como a passagem acima indica – "as propriedades físicas do instrumento irão, em grande parte, determinar a qualidade da música que é tocada nele". E, assim, devemos examinar as propriedades físicas do cérebro que é o instrumento que se busca tocar. Por mais divino que possa ser o executante da música, se as propriedades do instrumento forem de baixa qualidade, então a música tocada nesse instrumento também será ruim, não possuindo a qualidade de elevar e enlevar os ouvintes.

Vimos que o cérebro humano, como está constituído hoje, é por demais frágil para lidar com as situações nas quais tem de agir. Ele possui uma pequena gama de adaptação e ajustamento. Mas a vida está apresentando ao homem de hoje situações tais que estão além da adaptabilidade do cérebro do modo como funciona hoje em dia. Com quase noventa por cento da capacidade cerebral fora de uso, estamos em grande desvantagem no jogo da sobrevivência, tanto biológica quanto psicológica. Precisamos de cérebros cuja capacidade de adaptação não tenha limites. Não apenas isso, sua qualidade de resposta com referência aos desafios da vida deve ser de ordem mais elevada. Se o cérebro é incapaz de iniciar uma adaptação rápida às céleres condições de mudança, as experiências de nossa vida permanecerão incompletas. Um cérebro assim não será capaz de estabelecer um relacionamento significativo com a mente, engajada em lidar com desafios psicológicos cada vez mais novos com os quais é confrontada. Mas a questão é: pode a capacidade do cérebro humano ser aumentada, e, também, de forma voluntária? Temos conhecimento do desenvolvimento do cérebro por meio de impactos externos no curso do movimento evolucionário. Mas esperar que os impactos externos mudem o alcance e a qualidade do cérebro seria suicídio, pois a natureza levará um longo tempo para efetuar as mudanças necessárias. É prerrogativa do homem acelerar o processo evolucionário. Faz parte do poder do homem iniciar um novo movimento evolucionário. A evolução consciente está no âmbito do poder do homem. E a evolução consciente deve implicar uma transformação fundamental tanto da mente quanto do cérebro. Isso é parte do processo do *Yoga* Real. Annie Besant diz em algum lugar que "*Yoga* é evolução sob controle". Se assim for, a iniciativa para a mudança deve partir do próprio homem e não deixada às exigências das circunstâncias externas. Já que o cérebro é um importante elo na cadeia de evolução consciente, pode-se perguntar de maneira pertinente: podem o alcance e a qualidade do cérebro ser mudados? Se assim for, como?

Existem muitas concepções erradas a respeito do cérebro e do seu funcionamento no pensamento da maioria das pessoas de um modo geral. Costumeiramente falamos do "cansaço cerebral", querendo dizer que o cérebro se cansa. Mas o fato é que ele não se cansa. O cérebro não é como um músculo. Suas operações não são musculares e sim de natureza eletroquímica. Bruce Bliven diz:

> Quando o seu cérebro parece cansado após horas de trabalho mental, a fadiga está quase que certamente localizada em

outras partes do corpo, nos olhos, ou nos músculos do pescoço, e nas costas. O cérebro em si mesmo pode prosseguir quase que indefinidamente.

O que geralmente chamamos de cansaço cerebral é apenas tédio. E nos entediamos com coisas com as quais não estamos primariamente interessados. Com as coisas de interesse intrínseco, o cérebro pode continuar sem qualquer sentimento de cansaço e também por qualquer extensão de tempo. Os especialistas em cérebro nos dizem que "a capacidade cerebral é quase inesgotável". Para evocar essa capacidade não é preciso haver um cérebro maior. O cérebro tem doze bilhões de células. Se forem plenamente usadas a capacidade do cérebro pode ser aumentada enormemente. Fazer isso requer o estabelecimento de novos centros de aprendizagem. No momento os nossos centros de aprendizagem no cérebro são muito limitados. Nossa atividade cerebral segue certas rotinas, nosso contato com a vida se dá em muito poucos pontos. Somado a isso, o homem moderno tem prosseguido rumo à especialização a tal ponto que consegue tocar a vida em menos pontos ainda, deixando a grande área da vida completamente fora do seu alcance. Essa especialização nos tem tornado assimétricos em nossa capacidade de enfrentar os desafios e impactos da vida. Em uma parte do nosso cérebro somos maduros devido à especialização, mas em outras permanecemos imaturos. Não existe total desenvolvimento de nossa capacidade cerebral. Mas isso se tornou muito mais necessário hoje em dia com a civilização extremamente especializada, criada pela ciência e pela tecnologia. Juntamente com a especialização precisamos, no homem, da capacidade para responder aos numerosos impactos da vida, pois somente assim pode sua vida tornar-se rica e livre de frustrações.

Os cientistas que estudaram o cérebro nos dizem que em matéria de aprendizado, a idade não é barreira, pois o cérebro pode estabelecer novos centros de aprendizagem em quase qualquer idade, mesmo na idade de noventa anos. O aprendizado está preocupado com a habilidade de criar novos circuitos elétricos reverberadores no cérebro, e o funcionamento desse processo nada tem a ver com a idade da pessoa. O ditado comum "Estou velho demais para aprender" não tem validade até onde diga respeito ao aumento na capacidade cerebral. Jamais se pode estar velho demais para aprender. Pode ser que na velhice aconteça algum leve dano no funcionamento do cérebro, mas isso pode ser facilmente corrigido para que até mesmo as pessoas idosas possam continuar aprendendo novas artes e ofícios. A questão não é se o cérebro pode aprender coisas novas mesmo na velhice; a questão, no entanto, é: como estabelecer novos centros de aprendizagem no cérebro? Isso não tem qualquer relevância com respeito à idade. Às vezes até mesmo pessoas jovens param de aprender e ficam satisfeitas em enfrentar a vida apenas por meio daqueles centros que estão ativos no cérebro humano. A questão fundamental é como aprender, não apenas com relação ao cérebro, mas com relação a levar uma vida plena, de modo que a pessoa não leve uma existência espasmódica, como acontece conosco hoje em dia.

O estabelecimento de novos centros de aprendizagem no cérebro implica colocar em operação o potencial ocioso desse instrumento admirável que o homem possui. Como vimos, quase noventa por cento do cérebro não é utilizado atualmente. Se o pleno potencial do cérebro for posto em operação, começaremos a viver em um mundo mais amplo, do qual não temos qualquer consciência no momento. O cérebro será capaz de estabelecer pontos de contato com a vida em número sempre crescente.

O cérebro humano recebe impacto de dois lados, dos sentidos e da mente. Atualmente os sentidos são incapazes de enviar relatórios completos ao cérebro porque a capacidade de absorção do cérebro é muito limitada. Essa capacidade limitada de absorção insensibilizou nossos sentidos. De modo semelhante, chegam ao cérebro impactos oriundos da mente, mas porque a ponte construída pelo cérebro é frágil, ele é incapaz de suportar a carga total que a mente pode querer enviar. A ponte é frágil porque tem poucos centros de resposta, e uma pequena área em uso; o campo amplíssimo do cérebro por sua vez não foi arado nem cultivado. E, assim, essa grande porção, estando estéril, não pode receber a carga que possa vir da mente por sobre a ponte. Nós realmente vivemos em um mundo muito pequeno, tanto física quanto mentalmente. Quando as instruções da mente ao cérebro não são atendidas, então a mente também se torna obtusa, sente-se frustrada em seus esforços para elevar-se cada vez mais alto nos campos de realização mental. Ela pode continuar com suas atividades especializadas, mas não se sente inclinada a arar áreas mais amplas do campo mental. Por um lado, a fraqueza

A Ciência da Meditação - **39**

da ponte insensibiliza os sentidos, e, por outro, entorpece a mente. Somos compelidos a viver de maneira muito medíocre ao passo que com a ativação das partes ociosas do cérebro poderíamos trazer dimensões mais novas ao nosso viver.

Como pode o pleno potencial do cérebro ser posto em operação? Isso significa uma mudança tanto no âmbito quanto na qualidade do funcionamento do cérebro. Atualmente o cérebro inferior ou animal é muito maior e mais viril do que o cérebro novo, ou superior. Isso resultou em muito desequilíbrio entre as duas porções do cérebro. Com o cérebro novo grandemente ativado em alcance e qualidade o equilíbrio apropriado será estabelecido entre as partes animal e humana do cérebro. O córtex ou cérebro superior está muito mais engajado no crescimento intelectual, mas esse desenvolvimento intelectual não tem oportunidade de sobreviver devido à pressão dos instintos oriundos do cérebro animal. Não podemos descartar a hereditariedade animal; aquilo com que devemos nos preocupar é providenciar para que as duas partes trabalhem em harmonia de modo que a energia animal seja canalizada para os canais mais delicados supridos pelo cérebro superior. O refinamento da energia animal ficará mais fácil se o pleno potencial do cérebro superior for posto em operação.

O falecido *Sir* Charles Sherrington, que foi uma grande autoridade sobre cérebro humano, ao mesmo tempo em que dizia que a evolução do cérebro humano ainda continua, disse que "O atual estado do cérebro não é, podemos supor, mais do que uma fase provisória, para tornar-se uma outra coisa, algo melhor, podemos esperar". E assim, de acordo com essa autoridade em cérebros, o atual estado do nosso cérebro humano é apenas uma fase interina, não uma fase final, significando que esse órgão complicado está em processo de crescimento. Se assim for, surge uma questão: pode o seu crescimento ser acelerado? Podemos acelerar o processo da natureza de modo que o cérebro humano seja capaz de funcionar a potencial pleno, ou quase pleno?

Vimos que durante todos os momentos críticos da história evolucionária foi o cérebro que determinou o problema da sobrevivência. Uma súbita mudança dos dinossauros para a soberania das criaturas pequenas no jogo evolucionário denota um momento crítico. Do animal ao homem é também um ponto crítico importante na história evolucionária. Durante essa transição foi o cérebro do ser humano que lhe deu superioridade sobre os animais que eram mais fortes e mais poderosos em estrutura física. Estamos hoje às portas de um novo e importante momento decisivo da história. Sri Aurobindo descreve o homem como um Ser em transição. Isso significa que ele está deslocando-se para alcançar maiores estaturas de existência. Estamos testemunhando hoje uma crise de consciência ou uma crise de valores. O homem está no limiar de uma nova existência dimensional. Pensadores e filósofos do Oriente e Ocidente falam hoje das limitações da mente e indicam um caminho além da mente, se o homem quiser resolver os perturbadores problemas psicológicos de sua vida. Esse movimento para além da mente irá mudar a qualidade de sua existência. Mas se as experiências além da mente tiverem de ser traduzidas em termos de novos padrões de comportamento e de diferentes ações qualitativas no nível físico, então, certamente que o cérebro atual, funcionando a baixo potencial será um instrumento muito inadequado. A ponte que liga a mente ao corpo cederá repetidamente, aliás, será impossível para ela suportar o novo tipo de carga enviada pela Nova Consciência, para a qual o homem parece estar se movendo. O *Yoga* tornou-se uma proposição de prestígio para o homem moderno porque ele deseja alcançar um viver dimensional diferente onde possa, sozinho, ter esperanças de solucionar os desconcertantes problemas da vida. Mas, se esse movimento em termos de *Yoga* não estiver associado a um movimento semelhante para o aumento do potencial cerebral, então o sucesso no campo do *Yoga* levará o homem a uma frustração cada vez maior devido à sua incapacidade de traduzir as experiências psicológicas em termos de padrões de comportamento apropriados no nível físico.

Aumentar o potencial cerebral, ativar as amplas áreas não utilizadas do cérebro – essa se tornou a necessidade urgente do homem se quiser ser bem-sucedido em sua viagem para a Terra Nova do *Yoga*. Como pode o homem iniciar os passos necessários para transformar o cérebro de modo que esse possa funcionar a pleno potencial?

A Ciência da Meditação - 41

42 - Rohit Mehta

CAPÍTULO 5

PERCEPÇÃO SEM ATENÇÃO

Já no início da primeira década do século XX, *Sir* J. C. Bose, o eminente cientista indiano, fez certas descobertas surpreendentes como resultado de seus experimentos. Ele afirmou que os metais, e aquilo que chamamos de matéria inerte, respondem aos sentimentos humanos de amor e ódio. Ele disse também que de tempos em tempos esses objetos materiais precisam de períodos de descanso para recuperar-se do estresse e esforço a que são submetidos pelo uso ou abuso que deles faz o homem. É uma experiência comum de muitas pessoas que usam lâminas de barbear, que após o uso constante, as lâminas ficam sem fio e são incapazes de fazer uma boa barba. Mas se após o uso, essas lâminas forem postas para descansar, descobre-se que elas recuperam o fio durante o período de descanso. Lyall Watson em seu fascinante livro *Supernature*, diz:

> A extremidade cortante de uma lâmina de barbear possui uma estrutura de cristal. Os cristais são quase vivos, já que crescem reproduzindo-se. Quando uma lâmina fica cega, alguns dos cristais sobre a superfície cortante, onde têm a espessura de uma só camada, desprendem-se. Teoricamente, não há razão por que eles não devam substituir-se com o tempo.

Segundo Lyall Watson "se lhes for dado tempo", as extremidades cortantes da lâmina de barbear tornam-se novamente afiadas. A maioria das máquinas também precisa deste "tempo" para se recuperar. Essas máquinas trabalham melhor e mais eficientemente após algum tempo de descanso. Ora, o cérebro humano é também como uma máquina. Dizemos como uma máquina porque ele é uma máquina com uma diferença. A diferença está no fato de que os seus componentes, diferentemente dos de outras máquinas, são células vivas. Se as máquinas compostas de matéria inerte precisam de tempo para descansar e se recuperar, tanto

A Ciência da Meditação - 43

mais deve ser o caso com o cérebro humano, com seus tecidos vivos. O cérebro entra em um estado renovado de eficiência mesmo se houver apenas um pequeno momento de descanso, que pode ser até um pequeno fragmento de tempo. Em si mesmo, ele não precisa de descanso nem relaxamento, mas o seu relaxamento fornece a todo o sistema nervoso algum tempo no qual possa se recuperar do trabalho pesado que tem de executar. Quando o cérebro descansa, o sistema nervoso sente-se relaxado, porque há um afrouxamento da tensão. Após esse período de descanso, o cérebro é capaz de extrair do sistema nervoso uma quantidade maior de trabalho, o que também é feito com grande eficiência.

Na era moderna o homem está submetido a uma grande quantidade de estresse e tensão, o que resulta no fato de seus nervos estarem o tempo todo no limite. Nós nos irritamos sem qualquer razão aparente ou por razões que são completamente fúteis. Entramos em colapso nervoso porque os nossos nervos não têm descanso nem pausa. E isso acontece porque não há momentos para descanso e relaxamento do cérebro. O homem moderno tornou-se de fato um estranho para a arte do relaxamento. Ele está o tempo todo altamente tenso, jamais sabendo o que venha a ser um estado de calma e quietude. Para sobrepujar uma categoria de tensão nervosa ele se lança em uma experiência de tensão nervosa ainda maior em um outro campo da vida. Desse modo, ele se move de excitação em excitação – das tensões do lar e do escritório para as tensões do cinema e da televisão. Na realidade, o homem se tornou tão acostumado a essas tensões nervosas que ele se sente entediado nos momentos em que tais tensões não são experienciadas. Ele parece acreditar que a tensão é o próprio âmago da vida. E ainda assim ele constantemente desaba sob a pressão dessas tensões.

É bastante óbvio que durante os momentos de atividade do cérebro nossos nervos não podem ter descanso, pois são requisitados a estar atentos para poderem dar vazão ao trabalho designado pelo cérebro. E assim, para haver repouso dos nervos, deve haver momentos de descanso e relaxamento para o cérebro. Muito embora o próprio cérebro não esteja cansado, sua eficiência é grandemente debilitada se os nervos não estiverem em boas condições. Se os nervos não podem desempenhar bem suas funções, então o cérebro também se torna inquieto, pois ele precisa acima de tudo de uma execução eficiente de suas instruções.

Em um grande escritório quando os subordinados não trabalham de maneira eficiente, o próprio chefe fica chateado, incapaz de dar total atenção ao seu próprio trabalho. É isso exatamente o que acontece quando o sistema nervoso fica sobrecarregado, demonstrando, portanto, ineficiência cada vez maior no desempenho de suas funções.

Um dos modos de relaxamento do cérebro conhecido por nós é o sono. É verdade que durante o sono o cérebro fica menos ativo, atendendo somente a certas funções básicas. Nesse caso os nervos também estão descansando, não enviando impactos novos ao cérebro. Mas a dificuldade é: não se pode recorrer sempre à prática do sono. Há momentos durante o dia quando a tensão nervosa acumula-se e o cérebro é incapaz de trabalhar eficientemente. Além disso, o sono nem sempre resulta no relaxamento do cérebro. Comumente o nosso sono é por demais perturbado por sonhos. Muito freqüentemente os sonhos são desagradáveis e tão vívidos que a pessoa acorda no meio do sono. Os sonhos do tipo pesadelo podem ser poucos e acontecer raramente, mas a pessoa tem sonhos perturbadores que interrompem o sono. Por outro lado, nem sempre acordamos revigorados. Na verdade, muito freqüentemente nos levantamos pela manhã já cansados e exaustos. Isso pode dever-se ao fato de que muito embora houvesse sonhos, não estamos em condição de lembrá-los. Dizem que comumente sonhamos três vezes durante a noite. Quando nos levantamos esses vários sonhos são misturados, levando confusão ao cérebro. E assim o sono não parece resolver nossos problemas de tensão nervosa, e, por conseguinte, de verdadeiro relaxamento e descanso para o cérebro. Não discutiremos a questão dos sonhos neste estágio. Em um capítulo posterior consideraremos os problemas apresentados por eles. Se pudéssemos ter um sono totalmente sem sonhos, talvez os nossos problemas de relaxamento do cérebro, e, por conseguinte, a tensão nervosa, fossem parcialmente resolvidos. Uma vez que mal sabemos o que é um sono restaurador, a estrada dos sonhos não parece ser um caminho eficaz que leve ao descanso e relaxamento do cérebro. Além disso, precisamos de um método de relaxamento durante as nossas horas de vigília também, quando as tensões parecem crescer e o cérebro sente-se pesado e perturbado, incapaz de desempenhar suas funções de maneira eficiente.

A Ciência da Meditação - **45**

Existe hoje em dia uma busca frenética por parte do homem moderno para se libertar de todos os tipos de tensões. Existem verdadeiramente vários tipos de tensões. Às vezes isso se deve à incapacidade da mente em encontrar alguma solução satisfatória para uma situação ou um problema. A mente fica totalmente confusa e não encontra saída. Isso é tensão psicológica que experienciamos muito freqüentemente devido à complexidade das situações nas quais nos encontramos. Não discutiremos essa categoria de tensão neste estágio. Nós a abordaremos quando chegarmos aos problemas da mente, distintamente dos problemas do cérebro. Para resolver tais tensões psicológicas a pessoa deve adentrar a questão da transformação do mecanismo do hábito como também da transformação da qualidade da própria mente.

Mas existem outras tensões que dependem do funcionamento do cérebro e do sistema nervoso. Quando a imperfeição do cérebro é incapaz de receber as claras instruções da mente com relação a certas situações, então surge o estado de tensão na mente da pessoa. Mas ele não é criado pela mente – é por causa do baixo potencial no funcionamento do cérebro. A questão de se aumentar as áreas ativas do cérebro foi apresentada no capítulo anterior, e iremos adentrar os aspectos práticos do aumento do potencial cerebral num capítulo posterior. Essa é uma categoria de tensão da qual a mente busca libertar-se, mas não consegue, já que a sua causa está localizada não na mente, mas no cérebro. Mas antes de abordarmos a questão da intensificação do potencial cerebral, temos que resolver o problema do descanso e relaxamento do cérebro. Sem tal descanso, aumentar o potencial cerebral irá criar maiores condições de tensão nervosa. Seria perigoso trabalhar no incremento do potencial do cérebro sem claramente entender o modo de se conseguir o seu relaxamento e o descanso rápidos, que daria ao sistema nervoso a pausa necessária para se recuperar.

Quando o cérebro é incapaz de descansar ou relaxar, então surge o que chamamos de tensão nervosa. Os nervos ficam cansados devido ao trabalho incessante. É verdade que não existe esta tal fadiga cerebral, mas existe o cansaço dos nervos. O cansaço nervoso e muscular aparece, e para aliviar essa tensão são necessários descanso e relaxamento. Mas para isso o cérebro tem que descansar de modo que não emita novas ordens aos nervos e músculos. O sistema nervoso pode ser dividido em duas partes principais – a automática ou involuntária e a voluntária. Os nervos que constituem a divisão voluntária é que precisam de descanso. O sistema nervoso automático tem que continuar trabalhando mesmo quando estamos dormindo. Mas o sistema automático possui o seu próprio sistema de controle. E o sistema tem duas seções – a simpática e a parassimpática. J.D. Ratcliff diz:

> O sistema simpático. . . estimula a atividade, e o parassimpático. . . a retarda. Se o corpo estivesse inteiramente sob controle do sistema simpático, o coração, por exemplo, aceleraria até a morte. Se inteiramente sob o parassimpático, o coração pararia. Os dois devem estar em perfeita coordenação. Quando rapidamente se precisa de energia em momentos de estresse, o simpático obtém a preferência, acelerando a atividade do coração e dos pulmões. No sono, o parassimpático exerce uma ação calmante sobre toda a atividade corporal.

Isso acontece somente até onde diz respeito à parte automática do sistema nervoso. Aqui existe um dispositivo automático para o descanso e relaxamento dos nervos. Mas é a parte voluntária do sistema nervoso que precisa ser levada para descanso e relaxamento periódicos. Assim sendo, o relaxamento do cérebro é essencial, ou melhor, imperativo. É o sistema voluntário que permanece ativo durante as horas de vigília, e, assim, o seu problema de relaxamento não pode ser resolvido completamente pela experiência do sono, por mais relaxante que esse possa ser. Precisamos saber como arrebatar uns poucos momentos de relaxamento durante as horas de vigília. Não é tirando uma soneca ou dando "quarenta piscadelas" que a pessoa fica descansada.

Para o relaxamento do cérebro, e para obter alívio das tensões, o homem moderno está viciando-se em todo tipo de drogas e tranqüilizantes tais como LSD, haxixe, maconha ou coisas desse tipo. Alguns jovens universitários de hoje estão adotando essa prática perigosa. Certamente que essas coisas têm efeito tranqüilizante – mas em vez de fornecer relaxamento ao cérebro, produzem torpor. Um cérebro relaxado não é um cérebro entorpecido. Um cérebro entorpecido produz letargia e indolência de modo que a pessoa não tem tendência alguma para agir. Ob-

A Ciência da Meditação - 47

serve-se um cachorro ou gato relaxando. Eles estão completamente relaxados, todavia num instante, quando surge a necessidade, entram em atividade. Não existe intervalo entre a condição de relaxamento e o estado de atividade. Isso acontece porque esses animais estão relaxados, mas nem por isso estão na condição de torpor. As drogas e tranqüilizantes não irão resolver o problema da tensão. Aliás, quando passa o efeito da droga, a pessoa fica mais subjugada pelas tensões, e tem menos vitalidade ainda para enfrentá-las.

Sugere-se com freqüência que pela prática de *Japa* ou repetição de um mantra a pessoa pode obter relaxamento cerebral. A repetição mecânica de um mantra obviamente introduz um elemento de monotonia. O mantra é uma palavra sagrada ou frase dada por um guru ou tirada de algum livro sagrado. É uma experiência comum para a maioria de nós que um ato de constante repetição mecânica produz a sua própria monotonia. E a monotonia, uma vez produzida, cria torpor no cérebro. Mesmo a repetição constante de um mantra deve produzir esse torpor devido à monotonia que produz. Não é suficientemente sabido se a monotonia ou as ações repetitivas produzam sua própria neurose. Existe uma nova forma de tensão nervosa criada por ações monótonas e repetitivas. John Pfeiffer diz no seu livro *The Human Brain*:

> ... os distúrbios neuróticos eram particularmente freqüentes entre homens e mulheres que trabalhavam em linhas de montagem e tinham que fazer os mesmos movimentos repetitivamente. Tarefas repetitivas, envolvendo a transmissão repetida de sinais nervosos ao longo dos mesmos caminhos, aparentemente desajustavam alguma coisa no cérebro. Há muito que a monotonia é reconhecida como um fator poderoso na neurose. . .

Freqüentemente não se compreende o efeito da monotonia porque a pessoa está apta a desprezar a distinção que existe entre o torpor do cérebro e o relaxamento do cérebro. Um cérebro entorpecido é passivo e, portanto, tendente a evitar toda atividade. Mesmo após o término do processo repetitivo o cérebro não estará inclinado a agir. Poder-se-ia dizer que o torpor produzido pelas drogas é pior do que o torpor induzido pela repetição seja de um mantra ou de qualquer outra coisa. Isso é verdadeiro até um certo ponto porque a ingestão de drogas tem os seus próprios efeitos colaterais ao longo de muitas linhas, pois introduz um elemento de degeneração em todo o sistema corporal. Encontramos hoje várias práticas de meditação que são sugeridas para substituir a ingestão de drogas pela repetição de mantras ou frases, quer seja de modo audível ou inaudível. É um ato onde o sinal nervoso está sendo enviado continuamente ao longo do mesmo caminho. Essas práticas meditativas oferecem um alívio, mas é um alívio devido ao torpor, e não ao verdadeiro relaxamento. Nas investigações científicas de hoje em dia sobre as práticas meditativas, estão sendo estudadas as ondas cerebrais alfa, beta, teta e delta. E porque a desaceleração das ondas cerebrais pode ser detectada, presume-se que o cérebro tenha chegado a um estado de relaxamento. A máquina de testes, obviamente, não pode fazer uma distinção entre torpor e relaxamento, pois o único critério de julgamento que possui é a natureza das ondas do cérebro. As ondas cerebrais podem mostrar que a atividade do cérebro reduziu-se – mas a desaceleração pode significar torpor ou relaxamento. E, assim, determinar o estado do cérebro pela detecção de ondas cerebrais é algo que leva a equívocos. De qualquer modo, quer seja através de drogas ou atividades repetitivas, audíveis ou inaudíveis, tudo o que acontece é o torpor do cérebro, e não o relaxamento do cérebro. Existe um abismo de diferença entre os dois.

A questão é: como se pode chegar ao relaxamento do cérebro – onde o cérebro esteja relaxado, e, todavia, não entorpecido? Um cérebro relaxado pode entrar em atividade num abrir e fechar de olhos – mas o cérebro entorpecido, não. Deve-se entender com clareza o segredo do relaxamento do cérebro antes de se embarcar na tarefa de intensificar o potencial cerebral.

Alguém pode perguntar: é possível relaxar conscientemente? Não será o relaxamento através do esforço uma contradição em termos? É verdade que conscientemente não se consegue relaxar, do mesmo modo como conscientemente não se consegue dormir. Mas a pessoa pode conscientemente criar condições tais, onde o relaxamento possa surgir naturalmente e sem esforço. Não é necessário assinalar que qualquer esforço consciente para relaxar resultaria em aumento de tensão.

A Ciência da Meditação - 49

Deve-se notar que a respiração tem muito a ver com o relaxamento do cérebro. Nossa respiração normal é na maioria das vezes irregular. Essa respiração irregular contribui em grande parte para a tensão do cérebro. Ela certamente não permite a criação de condições nas quais o cérebro possa naturalmente chegar ao estado de relaxamento. Se a pessoa observar sua própria respiração irá compreender o quanto ela é irregular. Num momento está acelerada e logo a seguir está lenta, em outro momento ela é profunda e logo a seguir superficial. Não há consistência no ritmo da respiração. Ora, essa respiração irregular implica num suprimento muito irregular de energia ao cérebro. O que em si mesmo contribui para a tensão cerebral, pois não permite o seu funcionamento eficiente. Se diariamente a pessoa pudesse passar algum tempo, de cinco a dez minutos, simplesmente observando a sua própria respiração, então nessa mesma observação a respiração tenderia a se regularizar. Na meditação budista é grandemente enfatizada a observação da própria respiração. Aliás, muito freqüentemente ela é sugerida como meio de relaxamento do cérebro. De qualquer modo a observação da própria respiração produz um ritmo que é assaz necessário à regularização do processo respiratório. O cérebro precisa de cada vez mais oxigênio para o seu funcionamento eficiente. E a única maneira de suprir esse oxigênio ao cérebro é pelo processo da respiração.

Além da observação da própria respiração, exercícios de respiração profunda, auxiliam muito na criação de um estado de repouso para o cérebro. Muito freqüentemente o nosso cérebro fica congestionado e em conseqüência sente-se pesado, ou às vezes parece estar totalmente vazio. Ambas as condições indicam que o cérebro necessita de mais oxigênio. Um pequeno experimento com a respiração irá convencer qualquer pessoa de que a observação remove a congestão do cérebro e também lhe supre com mais vitalidade. O oxigênio é o combustível que o cérebro necessita para o seu trabalho, e a respiração profunda certamente é uma grande fonte através da qual esta necessidade do cérebro é preenchida.

É em momentos de relaxamento que o cérebro humano revitaliza-se. Esse momento de relaxamento fornece aos nervos o repouso de que necessitam. E, assim, a revitalização do cérebro traz um sentimento de renovação a todo o sistema nervoso. Nessa revitalização, o instrumento mais importante é o *Pranayama*. Entre a respiração profunda e o *Pranayama* há diferença, pois nesse último há um intervalo entre o processo de inalar e o de exalar. Nesse intervalo a respiração é retida no interior. É essa retenção da respiração que fornece um grande suprimento de oxigênio ao cérebro. No ato normal de inalar e exalar o oxigênio que é absorvido é imediatamente gasto no processo de exalação. E deste modo, o cérebro obtém muito pouco do seu suprimento de oxigênio. Mas em *Pranayama*, onde a respiração é retida no intervalo entre inalação e exalação, existe bom suprimento dessa energia vitalizadora sob a forma de oxigênio. A pessoa deve praticar o *Pranayama* simples, não complicado, como indicado nos livros de *Hatha Yoga*. Nesse processo a respiração deve ser retida somente enquanto a pessoa não se sinta desconfortável. No momento em que começa o desconforto, mesmo o mais leve, então a respiração retida deve ser exalada. Esse *Kumbaka* simples irá ajudar em muito na remoção da congestão do cérebro e no fornecimento, a ele, de um sentimento de repouso e relaxamento. Como esse *Pranayama* não irá tomar mais do que dez a quinze minutos, a pessoa pode facilmente reservar esse tempo durante as horas de vigília, mesmo quando estiver engajada no trabalho. Isso irá fornecer ao cérebro aquele descanso que ele geralmente não é capaz de obter durante várias horas de sono.

Nas disciplinas do *Yoga*, particularmente do *Hatha Yoga*, pede-se aos aspirantes espirituais para assumir uma postura para o relaxamento que é: *Savasana*, que significa deitar-se de costas como um cadáver. Nessa posição a respiração é mais lenta, e as várias partes do corpo ficam imóveis e flácidas. Esse é um excelente modo de relaxamento. Mas alguém pode dizer: como poder manter-se deitado durante as horas de trabalho? Não é necessário deitar-se de costas, a pessoa pode sentar-se numa posição reclinada em uma cadeira ou divã. Nessa posição, enquanto pode estar vagamente perceptiva do que está ocorrendo, ela não deve fazer qualquer esforço, sequer para observar ou ouvir. Não deve fazer qualquer esforço nem mesmo para observar os pensamentos que possam estar passando em sua mente. Deve deixar as coisas e os pensamentos seguirem adiante sem observá-los. Nessa posição reclinada ou na postura tradicional de *Savasana*, o cérebro irá relaxar muito rapidamente.

O homem moderno entedia-se facilmente. A sociedade deve mantê-lo alegre e entretido. Ele parece ter perdido a capacidade para o auto-entretenimento. Ele é incapaz de encontrar seu próprio divertimento. Numa tal condição não é de admirar que ele se entedie, e isso acontece com muita freqüência. Os divertimentos sociais não podem resolver completamente o seu problema de enfado. Qual é a causa do tédio? Quando o cérebro está ocupado durante muito tempo em enviar impulsos aos nervos ao longo de apenas um caminho ou um caminho limitado, os nervos se cansam e o cérebro entedia-se por causa da não responsividade dos nervos. É a monotonia que cansa os nervos e o cansaço dos nervos produz um estado de enfado no cérebro. Estando o cérebro enfadado nenhum trabalho eficiente pode ser feito. É uma indicação de que são necessários descanso e relaxamento. Quando chega o tédio deve haver descanso para os nervos que trabalharam de maneira monótona durante longo tempo, e portanto deve haver relaxamento para o cérebro.

É óbvio que quando os sinais do cérebro movem-se através do mesmo nervo ou do mesmo grupo de nervos ocorrem cansaço e tédio, debilitando a eficiência do cérebro. Sob tais circunstâncias é sempre aconselhável quebrar a monotonia dos nervos passando-se para algum outro tipo de trabalho durante algum tempo. Uma mudança de ocupação, por menor que seja a duração, ajuda a quebrar a monotonia. Se a pessoa estiver lendo, escrevendo ou fazendo alguma outra coisa durante um tempo suficientemente longo, a ponto de criar monotonia na região nervosa, ela deve fazer uma pausa e mudar para uma outra coisa. A pessoa pode sentar-se preguiçosamente, ou caminhar pelo aposento daqui para ali, ou então praticar um pouco de jardinagem, ou brincar com o filho, ou dar atenção ao cachorro – ou fazer qualquer outra coisa. O que importa não é a nova ocupação; o importante é a quebra da monotonia. Muito freqüentemente, mesmo quando surge o sentimento de cansaço devido à monotonia, tentamos usar o que é chamado de nossa "força de vontade" e nos concentramos no trabalho que temos em mãos com maior tenacidade. Achamos que é fraqueza de espírito passar para algum outro trabalho. Em tais momentos sugere-se que a pessoa faça um grande esforço para combater a sensação de monotonia e tédio. Mas isso jamais irá ajudar. Produzirá maior resistência dentro da pessoa, e o mecanismo nervoso também irá ressentir-se dessa ação de força ou de violência.

Se, para quebrar a monotonia, a pessoa mudar de atividade durante alguns minutos, então após essa curta duração, ela pode voltar-se para o trabalho original com maior energia. A leve pausa causada pela mudança de ocupação traz descanso e relaxamento tanto para o cérebro quanto para os nervos. Costumava-se dizer que *Sir* Winston Churchill, durante a segunda guerra mundial, quando tinha que trabalhar sob grande pressão e tomar decisões importantes, costumava dedicar-se à pintura durante alguns momentos. Ele dava algumas pinceladas e continuava pintando como se não houvesse guerra alguma e como se nada tivesse a ver com operações de guerra. Após essa curta diversão no campo da pintura ou da jardinagem, quando *Sir* Churchill retornava ao seu trabalho de guerra ele se sentia revigorado e com energia suficiente para tomar decisões de importância mundial.

Inúmeros exemplos podem ser dados das vidas dos grandes homens e mulheres do mundo que faziam uma pausa em meio ao árduo trabalho, e ao assim fazer revigoravam-se para retornar à tarefa principal com maior fervor e eficiência. Às vezes pode-se estar engajado em escrever, em fazer algum trabalho criativo, e, subitamente a passagem entre a mente e o cérebro fica bloqueada de modo que o cérebro torna-se incapaz de realizar qualquer coisa. Seria fútil em tal momento lutar contra o cérebro e forçá-lo a trabalhar. Tal escrita forçada seria totalmente sem vida. Mas se a pessoa simplesmente deixar o trabalho durante alguns minutos, e fizer alguma coisa de que gosta, consertar alguma engenhoca mecânica ou dar uma caminhada e depois retornar à escrivaninha, ela descobrirá que mais uma vez a passagem entre a mente e o cérebro foi desobstruída, e o cérebro é capaz de ir em frente. Há um fluxo fácil de idéias. Evidentemente que o cérebro foi revigorado durante esses poucos momentos de relaxamento. Não é apenas o sono que é necessário; o que é preciso é uma mudança de ocupação durante algum tempo. Quando isso é feito o cérebro e os nervos são capazes de trabalhar uma vez mais com grande eficiência.

Dizem que a Sra. Annie Besant quando trabalhava sob grande pressão simplesmente passava a ler histórias policiais ou de suspense por algum tempo para revigorar-se e retomar seu difícil trabalho com mais energia. Em 1930, Mahatma Gandhi estava preparando-se para uma grande batalha contra o Governo inglês pela causa da liberdade política

A Ciência da Meditação - 53

da Índia. Eram tempos de inquietude quando atividades políticas febris aconteciam no seu *ashrama*. Os oficiais da Inteligência do Governo Britânico queriam descobrir o que Gandhi estava fazendo naquele momento como preparativo para a luta. Um desses oficiais aproximou-se do seu secretário pessoal com essa inquirição. O secretário disse àquele oficial que ele poderia entrar e encontrar Gandhi aprendendo a cozinhar uma determinada iguaria que possuía gosto e valor nutritivo. Esse grande líder político não estava preocupado com o desafio que havia lançado ao poderoso governo britânico e com o chamado que enviara ao seu povo para se preparar para a luta. Essa diversão aparentemente ridícula servia para descansar e relaxar o cérebro de modo que ele pudesse estar pronto para lidar com a tarefa de assumir decisões importantes com clareza e eficiência. Assim uma pequena pausa ou uma mudança de ocupação durante algum tempo relaxa o cérebro. Isso é algo que qualquer pessoa pode fazer, mesmo o executivo mais ocupado, e pode ser feito também durante as horas de trabalho.

Uma das maneiras mais eficazes de relaxamento do cérebro é seguir o princípio da PERCEPÇÃO SEM ATENÇÃO. Significa percepção sensorial sem atenção cerebral. Uma aplicação desse princípio refere-se aos impactos recebidos pelos sentidos oriundos do exterior, mas sem enviá-los ao cérebro para processamento e percepção. Eles permanecem como sensações sem serem transformados em percepções. Em termos práticos significa que se a pessoa está ouvindo música, ela deixa as vibrações da música penetrar no ouvido, mas não as transfere ao cérebro. Não se pede ao cérebro para dar atenção às vibrações recebidas pelo órgão da audição. Assim, permite-se que as vibrações sonoras penetrem nos ouvidos sem que qualquer atenção seja dada quanto à natureza da música ou de quem canta; a pessoa pode sentar-se em uma cadeira com os olhos fechados ou não para descobrir que essa pura sensação de ouvir cria, de um modo admirável, um estado de relaxamento cerebral. A pessoa pode observar a natureza e permitir que as ondas luminosas penetrem a retina, mas não as transfere ao cérebro para serem transformadas em percepções. Isso é o que descrevemos como Percepção sem Atenção. O que se aplica à audição e à visão é igualmente aplicável aos outros órgãos dos sentidos. A pessoa pode estar perceptiva da fragrância, sabor ou toque sem qualquer atenção cerebral. Essa percepção sensorial sem atenção cerebral resulta em o cérebro não enviar instrução alguma aos nervos, ou qualquer mensagem à mente. O cérebro está, por assim dizer, hibernando – não entorpecido, e sim relaxado. A duração da hibernação do cérebro não pode ser longa – pode ser de dez a quinze minutos ou meia-hora. Mas isso é o suficiente para revigorar o cérebro e os nervos. A pessoa pode até continuar fazendo outras coisas, e permitir que as vibrações atinjam diferentes sentidos. No momento em que se dá atenção a essas sensações, o cérebro irá saltar à atividade e começar a dar instruções aos nervos. Esse estado de hibernação não significa que o cérebro não esteja tratando de suas funções básicas para as quais o sistema nervoso simpático tem de estar ativo. Significa apenas que o sistema nervoso voluntário estará sossegado por algum tempo. Pode-se facilmente tentar esse experimento de percepção sem atenção por alguns minutos cada dia, mesmo durante as horas de trabalho. No começo será necessário um pequeno esforço já que é provável que o cérebro acorra em seu ato de reconhecimento. Esse é um experimento de percepção sem reconhecimento, pois a atenção do cérebro resulta no reconhecimento de uma sensação particular ou de um grupo de sensações. Não estamos nos referindo ao processo de identificação quando a mente adentra o quadro. Antes da identificação pela mente existe o reconhecimento pelo cérebro. Esse reconhecimento resulta na formação de uma percepção pelo cérebro a partir das sensações puras recebidas dos vários órgãos dos sentidos. Manter as sensações puras, isto é, sem serem formuladas em percepções, é o que chamamos de percepção sem atenção. Na vida de uma criança as sensações permanecem puras nos estágios iniciais antes de se agruparem em torno da pessoa da mãe. Uma pessoa pode chegar ao frescor do estado infantil se puder ter sensações puras, e não lhes permitir transformar-se em percepções. O simples fato de permitir que as vibrações de som e luz, de paladar, de tato e de olfato atinjam os órgãos dos sentidos sem introduzir a atenção do cérebro é uma experiência muito revigorante. Em poucos momentos o cérebro fica relaxado e a tensão nervosa é liberada. Pode-se empregar todos os métodos indicados neste capítulo para o relaxamento do cérebro. Pode-se incluir o *Pranayama*, a postura de descanso, a mudança de ocupação, e a percepção sem atenção. A pessoa pode desenvolver outros métodos de relaxamento. Mas é bom

A Ciência da Meditação - **55**

lembrar que esses não são modos conscientes de relaxamento. São esforços conscientes para criar condições tais onde o cérebro e os nervos possam chegar a um estado de relaxamento natural e sem esforço.

O relaxamento é uma condição que antecede o aumento do potencial cerebral. Em nossa vida diária, particularmente quando está sujeita a esforço e estresse, há uma grande necessidade de se ter, de tempos em tempos, uns poucos momentos de descanso e relaxamento. Como uma pessoa não pode dormir continuamente, é necessário fazer um tal esforço consciente conducente ao relaxamento do cérebro de modo a trazer descanso e pausa ao sistema nervoso voluntário. Aquele que não sabe como relaxar não tem o direito de invocar maiores poderes para o cérebro. Com o aumento no potencial cerebral, a necessidade de relaxamento será cada vez maior. A experiência do relaxamento é um ato de recolhimento. A pessoa não pode permanecer neste estado de recolhimento o tempo todo. Ela deve retornar aos desafios da vida. Qual é deveras o caminho de retorno, de modo que a pessoa possa fazer face aos desafios da vida de maneira eficaz? Para isso devemos explorar o tema do incremento do potencial do cérebro

CAPÍTULO 6

A LIBERAÇÃO DE ENERGIA

A ciência moderna fala de matéria e energia como sendo intercambiáveis. A energia em sua condição estática é matéria; e matéria em seu estado dinâmico é energia. Energia potencial e cinética são palavras que nos dão uma indicação da permutabilidade de matéria e energia. Como disse um cientista "A energia não pode ser criada sem a destruição da matéria, e a energia não pode ser destruída sem a criação da matéria". Todo o universo é permeado de energia, vibrando em diferentes níveis. Na verdade, a totalidade do universo pode ser compreendida apenas em termos de vibrações. É a energia vibrando em diferentes níveis que dá origem aos diferentes estados de matéria, não apenas os três estados físicos de matéria, mas até mesmo os estados não-físicos. O movimento de um estado de matéria para outro é apenas uma mudança na taxa de vibração da energia. Aquilo que chamamos de matéria sólida é apenas a energia vibrando em um nível particular. Foi a permutação da matéria em energia que nos trouxe as maravilhas e os perigos da Era Atômica. Talvez Einstein não tivesse pensado que a sua equação simples fosse resultar na criação de uma bomba atômica, destruindo milhares de pessoas, e mutilando muitas outras na tragédia de Hiroshima e Nagasaki.

A ciência moderna refere-se a várias categorias de energia tais como: química, térmica, mecânica, elétrica, radiante, nuclear, termonuclear etc. Poder-se-ia dizer que todas essas categorias de energia são nada mais que expressões de uma energia, a saber, a Energia Cósmica. É essa energia que permeia todo o universo e se expressa em diferentes níveis. De acordo com os diferentes níveis de expressão é usada uma nomenclatura diversa para a mesma Energia, assim como *Prana* ou Alento Vital, por exemplo, mas ela tem diferentes nomes de acordo com as suas áreas funcionais no corpo físico. Do nariz ao coração é *Prana*; do coração ao umbigo é *Samana*; do umbigo para baixo é *Apana*; do nariz à cabeça é *Udana*; e o *Prana* que permeia todo o corpo é *Vyana*. Esses diferentes nomes ao mesmo Alento Vital são dados em termos da área do corpo na qual funciona. Caso semelhante acontece com respeito à energia. É a mesma energia cósmica que é chamada de diferentes nomes com base em suas diferentes formas de expressão. Além das várias outras categorias de energia que enumeramos acima, existe também a Energia Biológica. Ela funciona no interior do corpo físico, embora seja a mesma Energia Cósmica. É a essa energia que os antigos instrutores de *Yoga* davam o nome de *Kundalini*. Escrevendo sobre *Kundalini*, H.P. Blavatsky diz em *A Doutrina Secreta*:

> *Kundalini Shakti* – O poder ou força que se move em um caminho sinuoso. É o Princípio Vital Universal manifestando energia em toda parte na Natureza. Essa força inclui as duas grandes forças de atração e repulsão. A eletricidade e o magnetismo são nada mais que manifestações suas.

Assim, de acordo com ela, *Kundalini* é a mesma energia cósmica ou universal, assim como o são a eletricidade e o magnetismo. *Kundalini* é, porém, uma palavra grandemente carregada, em torno da qual agregou-se muito mito e superstição. Ela é discutida em detalhes em livros de *Tantra* e *Hatha Yoga*. Diz-se que ela jaz enrodilhada, três ou quatro vezes, na base da espinha dorsal. É chamada de Serpente de Fogo que, quando desperta, libera tremenda energia. Mas o seu despertar está envolto em grande mistério. O caminho que leva ao seu despertar é também um segredo muito bem guardado, que só pode ser obtido de especialistas e gurus experientes e, também, se estiverem dispostos a revelálo. Nos sistemas orientais de *Yoga*, *Kundalini* é semelhante ao Caduceu da mitologia grega. Normalmente o *Prana* move-se ao longo de dois canais dos lados direito e esquerdo da espinha dorsal chamados *Ida* e *Pingala*. No centro está o terceiro canal, *Sushumna*, cuja abertura na base da espinha está bloqueada por *Kundalini*, que jaz numa posição enrodilhada. Quando *Kundalini* desperta, a porta do *Sushumna* é aberta e a energia do *Prana* flui através dela. Quando isso acontece diz-se que a pessoa atingiu um sublime estado de *Yoga*.

Na literatura do *Yoga* aparecem descrições fantásticas sobre o despertar de *Kundalini* e como ela se precipita para o *Chakra* Coronário no topo da cabeça. *Kundalini* é *Shakti*. Ela corre ao encontro do seu consorte, *Shiva*, que descansa na área da cabeça. Quando *Shiva* e *Shakti* se encontram diz-se, então, que a pessoa é dotada de poderes sobrenaturais de grande magnitude. Associado à *Kundalini* está o funcionamento dos *chakras* ou Centros de Força. Esses não se localizam no corpo físico, e sim no Corpo *Prânico* ou Etérico. Existem, porém, certos pontos físicos onde a influência destes *chakras* é sentida. Os *chakras* são em número de sete – *Muladhara, Svadisthana, Manipura, Anahata, Vishuddha, Ãjña* e *Sahashara* – o *Chakra* Coronário no topo da cabeça. Algumas autoridades falam de um número maior de *chakras* e os dividem em principais e subsidiários. Quando a *Kundalini* é despertada, a energia liberada, fluindo através do canal mediano, *Sushumna*, estimula cada *chakra*, um após outro, alcançando finalmente o *chakra* da cabeça. Nos livros de *Tantra* e de *Hatha Yoga* são fornecidas descrições detalhadas dos *chakras* em termos dos Lótus com número particular de pétalas. Mais uma vez em torno dos *chakras* surgiu também muito mito e superstição. Devemos separar o joio do trigo para podermos chegar a uma compreensão correta sobre *a Kundalini* e o seu funcionamento através dos *chakra*s. Em anos recentes o *Pandit* Gopi Krishna, da Cashmira, Índia, muito fez para elucidar o assunto, excluindo todo mito e superstição.

Alguém pode perguntar: por que introduzimos o tema da *Kundalini* no meio da discussão sobre a transformação do cérebro humano? Fizemos isso porque *a Kundalini* está associada à energia, à energia biológica, necessária ao aspirante espiritual. No caminho espiritual o homem necessita constantemente de energia, e precisa também conhecer o processo de renovação da energia. O tema da energia é apresentado no primeiro mantra do *Rig Veda* onde o aspirante espiritual invoca energia sob a forma de *Agni* ou Fogo. O *Rig Veda* diz que colocamos a energia na vanguarda e por isso adoramos *Agni* ou Fogo. A energia é uma necessidade fundamental do homem, à medida que ele embarca na estupenda jornada espiritual. E a energia é necessária em todos os níveis, do biológico ao nível mais elevado. Mas a pessoa tem que começar no nível da energia biológica antes de prosseguir até os níveis mais sutis de percepção espiritual. No despertar da *Kundalini* está a liberação da energia biológica, e assim precisamos voltar nossa atenção para ela nos nossos estudos de meditação.

A Ciência da Meditação - **59**

No símile tradicional da união de *Shiva* e *Shakti*, que acontece com o despertar da *Kundalini*, existe uma enormidade de significado psicológico. *Shiva* representa o aspecto masculino da energia, enquanto *Shakti* denota o aspecto feminino da energia cósmica. É na união dos dois que a integração acontece. Essa integração tem de acontecer em todos os níveis. Discutiremos a questão da integração no nível mental quando chegarmos àquela fase do nosso tema da tríplice transformação. Mas assim como é necessária a integração psicológica, tem que haver também uma integração no funcionamento biológico da energia cósmica. A energia não pode ser liberada a não ser que os pólos positivo e negativo se toquem. No sentido biológico, o despertar da *Kundalini* é indicativo da energia feminina fundindo-se com a energia masculina, *Shakti* encontrando *Shiva*. Os Centros *Muladhara* e *Sahashara* denotam respectivamente os pólos positivo e negativo no campo da energia biológica.

O homem moderno precisa seriamente voltar-se para a questão da integração em todos os níveis, pois ele está experienciando um estado de desintegração interior. Essa integração interior não pode acontecer por meios superficiais. Ela exige uma abordagem séria de modo que a consciência humana, revelando hoje em dia o aspecto masculino, seja permeada pela consciência feminina. É na fusão das consciências masculina e feminina que pode acontecer a real integração. Em cada ser humano deve ocorrer a união de *Shiva* e de *Shakti*. Hoje em dia, em todos os níveis de existência humana, a consciência masculina é suprema. O cérebro humano também está envolvido nisso, a tal ponto que no funcionamento do cérebro são perceptíveis essas qualidades e características fundamentalmente masculinas. É o cérebro masculino com toda sua agressividade e poder de argumentação que está operando hoje em dia. Não há admiração nos nossos padrões de comportamento; dureza e crueldade é o que há para ser visto. Não se ter consideração para com os outros é considerado sinal de sucesso. O cérebro humano está orientado principalmente para a competição. Todas as suas energias estão dirigidas ao longo dessa linha, de modo que ele está à espreita para desenvolver padrões de comportamento e modos de ação tais que levariam ao sucesso próprio, e ao fracasso da outra pessoa. É preciso que se entenda que enquanto a mente dá as instruções, o cérebro traduz essas instruções em modos indispensáveis à ação física. Pode acontecer que a instrução dada pela mente esteja errada, porém deixemos a questão da mente e sua capacidade de dar instruções para um capítulo posterior. Quer a instrução esteja certa ou errada, é o cérebro que deve traduzi-la em padrões de comportamento. E, assim, se o cérebro estiver inteiramente orientado para tendências masculinas, é certo que ele dará esse colorido a todas as suas ações e padrões de comportamento. Mesmo as melhores instruções da mente podem receber um tratamento errado de um tal cérebro. É exatamente isso que está acontecendo hoje em dia na civilização moderna. Nossas organizações mais nobres parecem estar quebrando por causa das distorções introduzidas pelo cérebro humano na implementação de seus objetivos no nível de ação física.

Sendo esse o caso é da maior importância que o cérebro seja energizado com força tal que carregue consigo qualidades femininas. O cérebro masculino é assimétrico, regozijando-se de seu sucesso ao longo de linhas de especialização. O cérebro é por demais angular; ele deve ser arredondado para que possa agir não apenas com força, mas também com graça. É isso que fez a questão de *Kundalini* assumir especial importância. Vimos que o cérebro está funcionando atualmente a um baixo potencial de dez a doze por cento. Se os noventa por cento ociosos forem postos em ação, então o cérebro deve ser suprido com grande quantidade de energia nova. É com essa energia que os novos centros de aprendizado podem ser trazidos à existência em áreas ociosas do cérebro. Sem o estabelecimento de tais novos centros reverberadores, o cérebro não consegue funcionar eficazmente numa era em que as mudanças estão ocorrendo a ritmo extremamente veloz. O cérebro velho mal pode satisfazer as necessidades da era atual. Deve haver o surgimento de um cérebro revitalizado se o homem quiser sobreviver nesta nova fase do crescimento evolucionário. Nosso cérebro atual não tem a capacidade de adaptação rápida necessária nesta era. E se o homem não puder adaptar-se às condições de vida em rápida mutação ele tem pela frente grandes riscos na esfera de sua sobrevivência. Em face dessa situação *Kundalini* parece ser a única resposta.

Como dissemos anteriormente neste capítulo, o tema *Kundalini* está envolto em grande mistério. De um modo geral as pessoas sentem que é perigoso voltar sua atenção para o despertar da *Kundalini*. Isso deve ser deixado aos ascetas e àqueles que renunciam ao mundo. Acredita-se que *Kundalini* não é para o homem comum. Isso se deve ao fato de que a literatura tradicional sobre *Kundalini* não aborda o tema de maneira científica. Os métodos para despertar *Kundalini* sugeridos em *Tantra* e em *Hatha Yoga* são tais que o homem comum ficaria apavorado com eles. Esses métodos são excessivamente elaborados e incômodos. Incluem *asanas* ou posturas físicas, *pranayama* ou retenção e direcionamento da respiração, *mudras* ou certos gestos físicos, particularmente dos olhos e da língua, os *Sat-Karmas* ou práticas sêxtuplas que incluem purificação corporal de uma natureza muito elaborada. Todas essas práticas requerem orientação detalhada de especialistas e instrutores experientes. É difícil encontrar tais instrutores, e mesmo que a pessoa os encontre essas práticas são por demais severas e consomem muito tempo. Não seria seguro para alguém praticar sozinho os vários itens indicados nos livros de *Tantra* e de *Hatha Yoga*. A presença física do instrutor é absolutamente necessária.

Na prática de *Hatha Yoga* e de *Tantra* o método sugerido é um despertar forçado da *Kundalini*. É por meio da fricção violenta entre os *Prana* e *Apana Vayus* que um tremendo calor é gerado em torno da região onde *a Kundalini* jaz enroscada. Devido a essa fricção *Kundalini* é despertada de maneira forçada e quase violentamente. Mas isso não é tudo. A *Kundalini* despertada tem de ser dirigida para cada um dos *chakras* de modo a estimulá-los e trazê-los a uma fase ativa. Isso é feito através de práticas elaboradas que envolvem rituais e repetições de certos *Biju-mantras*, e na concentração sobre cada um dos *chakras* durante um considerável período de tempo. Esse é um processo extenuante e tem de ser feito na presença de instrutores experientes. A fricção de *Prana* e *Apana Vayus*, e a estimulação dos *chakras* para trazê-los à atividade, muito freqüentemente desorganiza o cérebro. Ele não sabe como lidar com a situação nova. É uma emergência de um modo para ele desconhecido. Existem registros de que muitas pessoas que despertam *a Kundalini* desta maneira forçada perdem o equilíbrio e tornam-se incapazes de comportar-se de maneira normal. Suas necessidades corporais aumentam muito – as necessidades de comida, de sexo ou de ambos. Elas tendem a se tornar indolentes por causa da incapacidade do cérebro de lidar com uma situação na qual foi subitamente colocado. Há grandes riscos para o cérebro e para o corpo nas práticas forçadas e violentas para o despertar da *Kundalini*. É por causa disso que a maioria das pessoas tem medo até do nome *Kundalini* e do seu despertar. Há um outro fator importante a ser notado nas práticas do despertar violento e forçado da *Kundalini*, que é o seu propósito subjacente. O principal propósito do despertar da *Kundalini* nas práticas de *Tantra* e de *Hatha Yoga* é o desenvolvimento de poderes superfísicos, ou poderes de psiquismo inferior. As pessoas são grandemente atraídas pelas perspectivas do desenvolvimento de tais poderes. Há instrutores nos tempos modernos, assim como houve no passado, que praticam *Shakti-pata* mediante o qual se supõe que o instrutor desperta a *Kundalini* nos seus discípulos pelo toque, pela visão, pelo mantra ou até mesmo pelo pensamento. Ora, o despertar da *Kundalini* por meio de tais métodos, se isso for possível, está ainda mais repleto de perigos. Sem gradualmente ampliar o potencial do cérebro e sem a fundação espiritual apropriada, o despertar da *Kundalini* é muito perigoso. Tentar praticar o desenvolvimento forçado de poderes psíquicos é em si mesmo muito arriscado. Deve haver alguma outra maneira de despertar a *Kundalini*, uma maneira que seja mais segura, e uma maneira tal que não torne o aspirante dependente de um instrutor ou guru. Após discutir os modos tradicionais de despertar a *Kundalini*, Sri Aurobindo diz no seu livro *Letters on Yoga*:

> . . . esse é o método do *Tantra*. No nosso *Yoga* (*Yoga Integral*) não é necessário passar pelo método sistematizado. Ele ocorre espontaneamente.

Aqui Sri Aurobindo fala da maneira espontânea de despertar a *Kundalini* em oposição à maneira forçada realizada em *Tantra* e em *Hatha Yoga*. Porém, não encontramos qualquer elaboração nos escritos de Sri Aurobindo quanto ao que seja esse modo espontâneo. Certamente que somos muito auxiliados pelo fato de ele mencionar uma maneira diferente da maneira apresentada em *Hatha Yoga* e em *Tantra*. A pessoa deve investigar o assunto para descobrir qual pode ser a maneira espontânea de despertar a *Kundalini*. Ela deve ter em mente que a maneira espontânea não é necessariamente a maneira

A Ciência da Meditação - 63

fácil – pode ser uma maneira mais difícil. Mas pela maneira espontânea o indivíduo, por esforço próprio e sem depender de qualquer agente externo, pode despertar a *Kundalini*. Além disso, tem a possibilidade de ficar livre dos perigos e riscos que jazem ao longo dos métodos forçados de despertar a Serpente de Fogo. Sri Aurobindo diz que não é necessário passar por um método sistematizado. Significa que não pode ser pela fricção de *Prana* e *Apana* e pela concentração sobre um *chakra* após outro. Pelo que foi dito acima por Sri Aurobindo parece que existe uma maneira mais flexível de despertar a *Kundalini*. Certamente valeria a pena descobrir qual é esta abordagem flexível.

Nesta era de ciência e tecnologia estamos familiarizados com a liberação da energia atômica. Um átomo diminuto contém uma energia tremenda que quando liberada pode dar ao homem uma bomba atômica ou pode permitir-lhe empregá-la para propósitos pacíficos. Nessa tarefa de liberar energia atômica, o método adotado é o da Fissão. Isso implica na fragmentação de átomos, onde o núcleo de um átomo tem de ser dividido em dois ao ser bombardeado com nêutrons. É esse método de Fissão com reação nuclear em cadeia que foi usado na fabricação da bomba atômica que pôs fim à Segunda Guerra Mundial após ensaiar uma das maiores tragédias da história humana. Mas existe também um outro método para a obtenção de energia a partir do núcleo atômico. É o método de Fusão, em vez de Fissão. Aqui os núcleos de dois elementos leves são induzidos a se aproximarem numa condição de Fusão. A indução é feita através de calor intenso. Quando esses dois núcleos leves se aproximam então ocorre a liberação de energia. No Sol, a energia é produzida não por Fissão, mas por Fusão dos núcleos de Hidrogênio para formar Hélio. Diz-se que é necessário calor intenso para se poder aproximar suficientemente as partículas leves uma da outra. Para fazer com que se fundam elas devem ser aceleradas a enormes velocidades. Alan Issacs diz no seu livro *Introducing Science*:

> As únicas reações de Fusão até agora realizadas pelo homem são as da bomba de Hidrogênio. . . Deve-se notar que, enquanto as bombas de Fissão são limitadas quanto ao tamanho. . . as de Hidrogênio podem ser feitas de virtualmente qualquer tamanho. . . Devemos lembrar que se dizia

que a bomba de Hiroshima era equivalente a 20 kilotons (20.000 ton.) de TNT; modelos atuais de bomba de Hidrogênio são avaliados em cerca de 20 megatons (20 milhões de toneladas) de TNT.

Assim, as bombas de Fusão parecem ser mais poderosas que as de Fissão em conteúdo de energia. Induzindo-se dois elementos leves a se juntarem surgem as reações termonucleares onde a liberação de energia é grandemente intensificada. Em todo o mundo atualmente estão sendo feitos experimentos para atrelar essa energia termonuclear a propósitos pacíficos. Alan Issacs diz:

> As reações de Fusão têm grande vantagem sobre as de Fissão porque usam como combustível o elemento Hidrogênio, que é abundante, em vez do Urânio, que é relativamente escasso. O mar está cheio de água, cada molécula da qual contém dois átomos de Hidrogênio!

Desse modo a liberação de energia pelo método da Fusão parece ser um artifício mais simples apesar da dificuldade do calor intenso requerido para aproximar os dois elementos leves. Um dispositivo simples não precisa necessariamente ser fácil – mas se as dificuldades forem sobrepujadas então a energia liberada é enorme, e também a partir de um elemento que pode ser encontrado em abundância.

Alguém pode perguntar por que introduzimos o tema da energia nuclear por Fusão e Fissão no meio de uma discussão sobre o despertar da *Kundalini*. Fizemos isso porque o despertar da *Kundalini* implica liberação de energia, de energia biológica, que é a única outra forma daquela energia cósmica da qual a energia nuclear é também uma das manifestações. Vimos que o modo tradicional de liberar a energia armazenada em *Kundalini* é forçado e violento. Notamos também que existem perigos e riscos envolvidos nesse despertar forçado da *Kundalini*. Voltamos nossa investigação para a questão da possibilidade de haver uma outra maneira de despertar a *Kundalini*, uma maneira que seja simples e espontânea. O método forçado e violento de despertar a *Kundalini* é semelhante ao método da Fissão de liberação de energia nuclear. A fricção que é gerada

A Ciência da Meditação - **65**

pelos *Prana* e *Apana Vayus* é semelhante ao bombardeio de um átomo por nêutrons, como visto na confecção da bomba atômica. Assim como existe o método de Fusão aplicado na liberação da energia termonuclear, deve haver também um modo de Fusão para o despertar da *Kundalini*. Se existir, a energia liberada será muito grande, e surgirá pela Fusão de elementos, e não pelo processo de divisão como no caso da reação em cadeia da bomba atômica. Dizem que no método da Fusão dois elementos são induzidos a se aproximar pela aplicação de uma grande intensidade de calor. Seria útil sondar esta questão sobre se poderia haver um modo de Fusão para o despertar da *Kundalini*, em oposição ao modo de Fissão que é empregado nas práticas tradicionais, cuja natureza já discutimos. É óbvio que o modo de Fusão seria suave, e não violento, como o é no caso do despertar forçado da *Kundalini*.

A energia de *Kundalini* pode ser liberada de modo a levar o aspirante ao longo do caminho do psiquismo inferior onde podem ser desenvolvidos certos poderes superfísicos ou *Siddhis*. Mas ela também pode ser liberada ao se entrar em uma nova dimensão de vida, uma vida espiritual saudável, criativa, livre de tensões e conflitos. A pessoa ou move-se ao longo da senda do espiritualismo ou ao longo da senda da espiritualidade. Uma vez que a necessidade fundamental do homem moderno é explorar um modo de viver saudável, criativo, ele deve mover-se ao longo do caminho espiritual e não do caminho espiritualista. O caminho do espiritualismo abre-se ao modo forçado, (o de Fissão) do despertar da *Kundalini*. O caminho da espiritualidade revela-se ao longo do modo espontâneo, (o de Fusão) de liberação da energia de *Kundalini*. Mas o que é esse modo espontâneo e como se pode trilhá-lo?

66 - Rohit Mehta

CAPÍTULO 7

A ALEGRIA NA VIDA ESPIRITUAL

Existe uma crença comum de que aquele que deseja trilhar o caminho espiritual deve considerar-se candidato ao infortúnio. Ele deve estar pronto para receber uma porção cada vez maior de sofrimento e de dor à medida que passa por provações e tribulações que devem ser o seu quinhão a partir do momento que decide trilhar a senda espiritual. Se não surge o sofrimento em sua vida, ele acha que há alguma coisa errada no seu esforço espiritual. Tanto no Ocidente quanto no Oriente o sofrimento tem sido considerado como distintivo que concede acesso à vida espiritual. Talvez esse elemento de dor e sofrimento tenha penetrado o campo da vida espiritual após as doutrinas budistas terem influenciado o pensamento dos filósofos. Esse elemento de sofrimento e dor encontra-se enfatizado também na abordagem cristã. Somente quando o aspirante espiritual é queimado no fogo do sofrimento é que ele emerge purificado. Foi essa idéia de sofrimento que introduziu em certas práticas religiosas os elementos de masoquismo e sadismo. O homem religioso ou inflige sofrimento a si mesmo, ou deleita-se em infligir sofrimento aos outros.

Somente quando voltamos nossa atenção para os santos e místicos é que descobrimos uma esfera inteiramente diferente de vida espiritual. O tempo todo eles têm falado de alegria e prazer. Eles se movem inebriados pela sublime bem-aventurança. Eles não disseram que a senda espiritual é um mar de rosas, nem sugeriram que é uma senda fácil. Embora não seja fácil, eles indicaram uma maneira simples, livre de todas as complexidades da mente. Mostraram o caminho do Everest da vida, e certamente que o caminho através da montanha que leva até essa senda não é fácil. Mas é de tal monta o êxtase e enlevamento do místico que para ele sequer surge a idéia de que o caminho seja acidentado e íngreme. Dirigindo-se ao aspirante espiritual, H. P. Blavatsky diz em *A Voz do Silêncio*:

> Não podes trilhar a Senda
> antes de te tornares a própria senda.

Os místicos que cantam as canções da aurora mesmo no meio da noite são capazes de o fazer porque se tornaram a própria senda. O viajante achará a senda penosa se ele sentir-se diferente dela. O viajante tornar-se a senda é uma experiência não-dual. Em tal experiência não há caminhante nem caminho, há apenas o caminhar, o puro movimento. Quando esta experiência surge, como pode haver alguma coisa que não seja alegria? Quando há o puro caminhar, não surge qualquer outra questão de se chegar ao destino. É o chegar ao destino que torna o movimento ao longo da Senda cansativo e penoso. Os místicos de todas as eras moveram-se sobre o caminho espiritual, cantarolando, porque para eles não havia a questão de se chegar a algum destino. C. Jinarajadasa, um antigo presidente da Sociedade Teosófica, diz em um dos seus poemas:

O que é a vida espiritual, meu amigo?
É ver o fim no começo.

Os místicos viram o fim antes mesmo de começarem a jornada, e assim, o fim estava lá o tempo todo enquanto seguiam a senda. O fim não estava distante; estava o tempo todo fazendo companhia ao caminhante à medida que esse seguia em frente. Deus não está distante do homem; Ele caminha com o homem à medida que esse viaja pela Senda Espiritual. Em uma tal experiência como pode haver lugar para a dor e o sofrimento? Se o Bem-Amado está o tempo todo junto com o Amante durante a jornada, então não faz sentido se falar em chegar a um destino.

É uma pena que a tristeza e o sofrimento tenham sido trazidos à questão do trilhar o Caminho Espiritual. Isso teve um desenvolvimento posterior na história da vida espiritual na Índia. Se nos voltarmos para os *Vedas* ou os *Upanishades* veremos que a alegria é subjacente à vida espiritual. Os *Upanishades* falam de *Anandam Brahman*, *Brahman* é a própria alegria. O *Ishavasya Upanishad* nos diz que todo o universo é permeado por *Isha* ou Deus. Diz-nos também que mesmo nas coisas fugazes da vida, Ele reside. Uma das grandes verdades propostas pelos *Upanishades* é: *Sarvam-khalu-idam-Brahma*, que significa Tudo é *Brahman*. Se assim for, onde há lugar para sofrimento e dor? Entre os pensadores indianos modernos, Sri Aurobindo enfatizou *Ananda* como sendo a própria fundação do universo. Ele diz que se Deus criou o universo por amor, então como pode haver alguma coisa que não seja alegria nesse universo? Ele diz repetidamente que o Criador só pode ser encontrado na Sua criação, e em nenhum outro lugar. Se o Criador está na Sua criação, então certamente que o universo manifestado deve ser um lugar de alegria e deleite. Também no *Bhagavad-Gita*, enquanto fala do homem espiritual, Sri Krishna diz que "aquele que Me vê em tudo e tudo em Mim, é o verdadeiro devoto que jamais Me deixa e a quem Eu jamais deixo". Se essas têm sido as idéias de vida espiritual deixadas para nós pelos antigos videntes e sábios, então como o sofrimento e a dor associaram-se à vida espiritual?

Foi no pensamento filosófico posterior da Índia que entrou em voga a idéia do mundo como sendo uma armadilha e *Maya*. Sob essa ideologia, a renúncia tornou-se o carimbo oficial da vida espiritual. Cada vez mais pessoas foram aconselhadas a evitar o mundo porque era uma armadilha. Aqueles que renunciaram ao mundo e se tornaram ascetas começaram a ser respeitados cada vez mais. Para buscar a Realidade a pessoa deve afastar-se do mundo e de suas atividades – isso era proposto pelos homens eruditos. Mortificação severa da carne e austeridades rigorosas tornaram-se a regra da vida espiritual. Se *Isha* ou o Senhor penetra todo o universo, renunciar a que? Ele reside, também em Sua plenitude, mesmo nas coisas a que se busca renunciar. É óbvio que o evangelho do sofrimento e da tristeza, que se tornou corrente no pensamento filosófico posterior, era uma negação dos ensinamentos dos *Upanishades* que formam a própria fundação segura da cultura indiana.

Estivemos considerando a questão do despertar da *Kundalini*. As práticas tradicionais são violentas, visando o despertar forçado da Serpente de Fogo. E ainda assim dizem que no despertar da *Kundalini* ocorre a união de *Shiva* e *Shakti*. Terá essa união de ser forçada e violenta? Terá *Shakti* de ser despertada por tais meios? A união de *Shiva* e *Shakti* é uma ocasião festiva onde não cabe absolutamente nada que possa ser forçado ou violento. *Shakti* tem de ser despertada gentilmente para que possa encontrar seu esposo numa atmosfera de alegria e festividade, e não em condições de austeridade e violência. Mas esse espírito festivo encontra-se completamente ausente nas práticas tradicionais de *Hatha Yoga* para o despertar da *Kundalini*. É verdade que nas práticas *tântricas* o elemento de alegria estava presente, mas suas prá-

A Ciência da Meditação - 69

ticas logo se degeneraram. Veremos no próximo capítulo porque essas práticas degeneraram tanto. E, assim, o único método agora prescrito para o despertar da *Kundalini*, e que tem respeitabilidade, são as práticas de *Hatha Yoga* que descrevemos no capítulo anterior. Mas essas práticas não respiram o ar da festividade, mas do despertar forçado. Façamo-nos uma pergunta: Existe alguma outra maneira onde a *Kundalini* seja despertada espontaneamente sob condições que são apropriadas para a ocasião festiva da união de *Shiva* e *Shakti*?

No despertar da *Kundalini* ocorre a liberação de energia biológica. Isso acontece pelo fato de os pólos positivo e negativo de nosso mecanismo biológico serem induzidos a se juntar. É um fato conhecido que pólos semelhantes se repelem, mas pólos opostos se atraem. A *Kundalini* fica enrodilhada no *Chakra Muladhara*. Se ela for estimulada, então o pólo positivo que é *Sahasrara*, irá experienciar a união com o pólo negativo. Quando isso acontece, a energia fica disponível para o corpo, para toda a entidade espiritual. Essa liberação é experienciada no cérebro e, assim, o cérebro é dotado de grande quantidade de energia liberada com a qual põe em operação as partes ociosas.

Faz parte de nossa experiência comum que quando estamos felizes sentimo-nos mais vigorosos. De algum modo, e vindo de algum lugar, essa energia parece estar dando uma sensação de expansão a todo o corpo. Sentimos como se pudéssemos distribuir nossas dádivas generosamente a um número sempre crescente de pessoas. Gostamos de expandir nossa esfera de atividade. Há um sentimento de aventura. Todo o nosso comportamento com relação às pessoas se modifica de modo que gostamos de incluir cada vez mais pessoas em nossa esfera de influência. A misteriosa liberação de energia ocorre o tempo todo quando estamos vivendo momentos de felicidade. Há um sentimento do 'incremento' em nossa composição biológica. Contrariamente a isso, quando atravessamos situações desagradáveis e experienciamos dor, nossa atitude é caracterizada pela retirada. Gostaríamos de retornar à nossa própria carapaça, evitando todo tipo de companhia. E, assim, a dor traz um sentimento de contração enquanto a felicidade nos dá uma sensação de expansão. Nos momentos de dor temos menos energia à nossa disposição, mas nos momenos de prazer a energia parece ser abundante. Enquanto em momentos de prazer estamos voltados para fora, nos momentos de dor parecemos encolher para dentro de nós mesmos. Pode-se com segurança suspeitar que na felicidade esteja contido o segredo da liberação de mais energia.

A energia liberada durante momentos de felicidade é obviamente energia biológica, pois o corpo só se sente vigoroso por meio dessa energia. Ora, o depósito de energia biológica é a *Kundalini*. E é bem possível que em momentos de felicidade, de modo inconsciente, um pouco da energia de *Kundalini* seja liberada – mesmo que seja apenas uma gota. É equivocada a idéia de que a *Kundalini* possa ser liberada somente em grande quantidade. As gotas dessa energia são de fato liberadas, e em função disso o, cérebro, às vezes, sente-se grandemente estimulado. A maioria de nós já experienciou uma súbita atividade no cérebro, razão pela qual somos capazes de fazer coisas que jamais fizemos. Muito freqüentemente a energia liberada durante momentos de felicidade é desperdiçada ou dissipada, de modo que o cérebro não obtém qualquer vantagem dessa liberação. Mas o simples fato de que em momentos de felicidade se experiencia energia extra, mostra que ocorre algum estímulo da *Kundalini*. Se esse fenômeno pudesse ser explorado ainda mais, talvez pudéssemos ser capazes de chegar a uma maneira espontânea de despertar a *Kundalini* de modo que a liberação de energia não fosse apenas em gotas, mas em grande volume. Pode-se também explorar o modo como evitar a dissipação dessa energia de modo que o cérebro obtenha força total para sua tarefa de pôr em funcionamento a área ociosa. Se isso pudesse ser explorado, então saberíamos como fazer o cérebro trabalhar a pleno potencial.

A liberação de energia durante momentos de felicidade pode ser comparada à liberação de energia nuclear durante a Fusão. Quando estamos felizes fundimo-nos com nosso ambiente. Não existe fissão causada por fricção. O nosso problema é duplo. Poderemos liberar energia neste processo de Fusão, e poderemos evitar que essa energia liberada seja desperdiçada ou dissipada? A liberação de energia ao longo do caminho da felicidade estaria livre da violência e da força. Será uma maneira agradável e gentil de despertar a *Kundalini*. No ato de despertar haverá espontaneidade. Esse modo gentil pode ou não ser acompanhado do desenvolvimento de poderes psíquicos, mas certamente levará a um novo modo de viver. Haverá criatividade e plenitude por causa do pleno potencial do cérebro lidando com as situações da vida.

A Ciência da Meditação

Já nos referimos nestas páginas à obra do *Pandit* Gopi Krishna, da Cashemira. Há um livro seu intitulado *Kundalini: The Evolutionary Energy in Man*, que contém uma descrição detalhada de suas experiências no despertar da *Kundalini*. Embora seja uma leitura interessante, não é uma leitura feliz. Toda a descrição contém elementos de morbidade. Além disso, ele não revela método algum para o despertar da Serpente de Fogo. Sem sombra de dúvida que ele rejeita o modo tradicional de forçar o despertar contido nas práticas de *Hatha Yoga*. Mas ele não nos diz qual é o modo alternativo, não-forçado e espontâneo.

Alguém pode perguntar: Quais seriam os pontos de distinção no comportamento de alguém em quem a *Kundalini* já despertou? Sabemos que ao longo do caminho forçado, por meio do *Hatha Yoga*, quando a *Kundalini* é despertada, podem ser observados certos poderes superfísicos. Se ao longo do caminho espontâneo ou de Fusão, não estiver envolvido o desenvolvimento de poderes psíquicos, então o que distingue o homem em quem a *Kundalini* foi despertada? Tal homem tem uma rápida adaptabilidade às mudanças exteriores devido à ativação de áreas mais amplas do cérebro. Existe maturidade em tal indivíduo, pois ele não é mais uma criatura do rebanho. Existe um esplendor em seu corpo, vitalizado como está pelo fluxo de energia nova. Ele tem contatos cada vez mais amplos com a vida, e é capaz de se mover por uma variedade de campos, sutis e intangíveis, até onde digam respeito às expressões da vida. Os seus poderes de comunicação são em muito intensificados, de modo que ele é capaz de se comunicar com os outros com clareza e simplicidade. Tal indivíduo possui tremendos poderes de absorção de modo que seu cérebro é capaz de receber impactos à medida que chegam de todos os órgãos dos sentidos. Devido a essa receptividade aumentada do cérebro, os sentidos também crescem em sensibilidade. Assim, tal homem é capaz de viver uma vida mais plena em um universo que é muito mais amplo do que conhecemos. Ele é alguém em quem começou o processo da Individuação, para usar a terminologia das obras de Carl G. Jung. Ele está, por assim dizer, pronto para sair da mediocridade, pois já não é mais um na multidão. P.W. Martin diz no seu livro *Experiment in Depth*:

> . . . é preciso diferençar Individuação de Individualismo. É

verdade que no processo de Individuação, o homem torna-se um ser diferenciado da massa por força das próprias qualificações. Mas a Individuação é também o meio pelo qual um relacionamento novo e mais profundo é estabelecido com os outros. Sem esse relacionamento novo e mais profundo não há totalidade.

Desse modo, em um homem em quem a *Kundalini* tenha despertado pelo modo espontâneo, estas duas peculiaridades estão presentes. Ele deixa o rebanho e torna-se um indivíduo, mas também se torna integrado de uma maneira mais profunda com tudo o que vive, com todo o ambiente. O autor do livro acima diz mais adiante:

A Individuação, considerada de modo analítico, consiste de um movimento em mão dupla: numa direção, um processo de separação, de diferenciação; noutra, um processo de junção, de integração. Para 'chegar de onde você não está' é necessário separar essas coisas que não deixam você ser você mesmo. Para chegar onde você está é necessário juntar essas coisas que permitem que você se torne você mesmo.

Em outras palavras, o homem em quem *Kundalini* despertou, de maneira espontânea, recebe a justa recompensa. A esse homem é permitido viver sua própria vida, recebendo em ampla medida os impactos oriundos dos órgãos dos sentidos, recebendo, também em ampla medida, as instruções e direcionamentos da mente. Ele tem a capacidade de conter todas elas, e organizar ações e padrões de comportamento de uma maneira que não conhecia antes.

Mas a questão ainda permanece: existem degraus práticos que, ao serem trilhados possam levar ao despertar seguro e espontâneo da *Kundalini*? Se existe, que degraus são esses? É para essa questão que devemos voltar nossa atenção no próximo capítulo.

74 - Rohit Mehta

CAPÍTULO 8

O NEGATIVO E O POSITIVO

Em um capítulo anterior descrevemos o cérebro humano como uma ponte entre a mente e o corpo. No momento essa ponte está muito precária para suportar todo tipo de tráfego que deve passar sobre ela. O fortalecimento da ponte tornou-se uma necessidade imperativa hoje em dia. Em um mundo onde as mudanças externas ocorrem a passos rápidos, o cérebro tem de estar muito alerta e ser muito competente para receber todos os impactos dos sentidos, processá-los e repassá-los para a mente como percepções. Ele tem também de receber instruções da mente e expedir as ordens necessárias para sua execução. Esse trabalho duplo aumentou consideravelmente hoje em dia por causa da natureza da sociedade tecnológica na qual vivemos. O cérebro deve ser muito rápido para adaptar-se às rápidas transformações da vida. Infelizmente o cérebro, como funciona hoje, é incapaz de despachar essas ordens de maneira eficaz e efetiva. Isso ocorre porque apenas dez por cento do potencial cerebral está em uso; noventa por cento estão ociosos. Esses noventa por cento devem ser aproveitados. Mas, para isso, o potencial do cérebro tem de ser incrementado. É aqui que temos de enfrentar o problema do aumento de energia que deve estar à disposição do cérebro se os noventa por cento ociosos do seu potencial tiverem que ser postos em operação. Já que somente pelo despertar da *Kundalini* é que essa energia torna-se disponível, temos de examinar, racional e cientificamente, a questão do despertar da Serpente de Fogo. Nossa única preocupação na abordagem da questão do despertar da *Kundalini* é quanto à exploração da possibilidade de incremento do potencial do cérebro. Não estamos interessados no desenvolvimento de poderes psíquicos que têm sido geralmente associados ao despertar da *Kundalini*.

Para realizar o nosso principal e único objetivo, temos de excluir o método tradicional do *Hatha Yoga* de despertar a *Kundalini*. Chamamos esse método de Fissão. Estamos explorando o modo de Fusão ou o modo espontâneo de despertar a *Kundalini*. Vimos no último capítulo que, de algum modo, em momentos de felicidade temos maior quantidade da energia biológica à nossa disposição. Sentimo-nos mais vigorosos quando temos a experiência da felicidade. É bem possível que durante momentos de felicidade seja liberada alguma gota da energia de *Kundalini*. Mas isso não serve ao nosso propósito. Temos de descobrir se é possível usar a felicidade de maneira mais consciente para a liberação de maior quantidade de energia, e se é possível cuidar para que essa energia liberada não seja de modo algum desperdiçada ou dissipada.

Antes de prosseguirmos com esta investigação, devemos ter clareza quanto às funções da mente e do cérebro. Vivemos no plano físico e, assim, as nossas ações têm que acontecer nesse plano. Nossos relacionamentos com os outros têm de se expressar em padrões de comportamento no plano físico. Ora, toda ação física tem dois componentes. Um é o conteúdo da ação, e o outro é a estrutura da ação. Não há dúvida de que o conteúdo da ação é suprido pela mente. Não vamos entrar na investigação quanto ao que seja a natureza desse conteúdo. Deixaremos isso para discussão em capítulos subseqüentes. Estamos preocupados aqui com a função do cérebro. Obviamente que uma das suas principais funções é dar forma ao conteúdo fornecido pela mente. Em termos de ações físicas o cérebro deve fornecer a estrutura apropriada ao conteúdo suprido pela mente. Ora, se o cérebro estiver mal equipado então suas estruturas estarão gastas, sem contornos definidos. Serão descuidadas, mostrando elementos de desordem. Mas se o cérebro estiver plenamente equipado, então suas estruturas e formas estarão arrumadas e ordenadas. Já que atualmente o nosso cérebro funciona em um baixo potencial, as nossas ações nem sempre revelam clareza e meticulosidade, a ordem e simetria que deveriam mostrar. É da maior importância que as estruturas de nossas ações e padrões de comportamento devam ser claras e meticulosas. Mas isso só pode acontecer quando o potencial do cérebro é aumentado. Discutimos no último capítulo a questão do processo de Individuação. Em termos de cérebro, isso significa que no seu funcionamento deve haver uma qualidade distinta, uma individualidade. Às vezes vemos alguém executando uma pequena ação, dando, porém, àquela ação, algo de distinto. Vê-se em uma tal ação a chancela de um cérebro eficiente e ordenado. Mas muito freqüentemente as pessoas ao executarem grandes ações o fazem de maneira tão desordenada, que faz com que os outros se afastem. É a mente que fornece material ou conteúdo, mas é o cérebro que desenvolve o modo de traduzir esse material ou conteúdo em ações e comportamentos físicos.

Nossa preocupação ao considerar a questão do despertar da *Kundalini* é providenciar para que a ponte entre a mente e o corpo fortaleça-se enormemente de modo a poder desempenhar sua função de suprir estruturas nítidas e ordenadas da maneira mais eficiente. Em outras palavras, nosso interesse no tema da *Kundalini* tem por objetivo incrementar o potencial do cérebro para que os noventa por cento de suas áreas ociosas possam ser postas em plena operação. E nessa tarefa, enquanto excluímos os métodos tradicionais de despertar a *Kundalini*, estamos investigando se a experiência de momentos felizes poderia ser empregada consciente e sistematicamente tanto na liberação de energia quanto na prevenção de sua dissipação. O processo de Individuação deve começar primeiramente com o cérebro e depois se deslocar em direção à transformação também da mente. Como pode o cérebro ser transformado de modo que o seu potencial aumente, permitindo-lhe lidar de maneira eficiente com as situações que surgem no mundo moderno?

Com respeito ao aumento do potencial cerebral há dois fatores que se deve ter em mente. Primeiro, variedade, e segundo, intensidade. Os cientistas mapearam as áreas do cérebro e localizaram centros para diferentes impactos dos sentidos. Há centros de audição, visão, paladar, tato, e olfato. John Pfeiffer no seu livro *The Human Brain*, diz:

> Estes pequenos órgãos – ouvidos, olhos, nariz, língua – são algumas de suas janelas para o mundo exterior. Os relatórios sobre o estado das coisas no interior do seu corpo vêm dos órgãos internos, dando origem a sensações de tensão muscular, fome, sede, náusea. O número de sentidos não é exatamente conhecido. Certamente que são mais de cinco, e provavelmente algo em torno de vinte.

Cada sensação dirige-se a um centro apropriado no cérebro. Não há confusão sobre isso. A música que ouvimos dirige-se ao centro de audição, e não ao centro de visão. Se assim fosse então veríamos música, não a ouviríamos! Mas isso jamais ocorre. Porém, a receptividade do

A Ciência da Meditação - 77

cérebro com relação aos relatórios dos sentidos é limitada, devido ao baixo potencial em que funciona. Esse baixo potencial do cérebro afetou também a atuação dos sentidos. A pessoa deve reeducar os sentidos se quiser aumentar o potencial cerebral. A reeducação dos sentidos é um empreendimento comparativamente fácil, podendo assim ser abordado em primeiro lugar. Com o aumento do potencial cerebral irá ocorrer mais educação dos sentidos. Mas mesmo dentro do potencial cerebral existente, a educação dos sentidos pode e deve ocorrer. O que queremos dizer com essa educação preliminar dos sentidos?

O nosso alcance de receptividade dos sentidos é atualmente muito limitado. As nuanças sutis, as diferenças delicadas, os impactos da vida, atualmente passam despercebidos. Ouvimos apenas determinados sons. Sons baixos ou além de determinada faixa não são percebidos por nós. De modo semelhante vemos apenas uma certa gama de cores. Todos nós, de um certo modo, somos daltônicos, porque certas nuanças de cores não são percebidas por nós. O mesmo se aplica ao tato, ao paladar e ao olfato. Ora, a pessoa pode conscientemente estender o alcance da receptividade dos sentidos. É o que se quer dizer por educação preliminar dos sentidos. Dizemos preliminar porque com o aumento do potencial cerebral passará a existir, natural e espontaneamente, uma educação mais ampla dos sentidos.

Que esforço consciente é esse que a pessoa pode empregar para aumentar a gama de receptividade dos sentidos? Ela pode primeiramente descobrir os próprios limites com referência aos cinco sentidos. Nós ouvimos certos tons, baixos e altos. A mesma coisa acontece com os olhos. Pode-se experimentar ouvindo primeiramente tons baixos e depois cada vez mais baixos. É possível também experimentar com sons que estão próximos e com sons que estão distantes. Até onde se pode ir na audição dos sons mais baixos, e quanto se pode captar dos sons distantes? É possível aumentar essa distância? Pode-se experimentar com o órgão da visão tentando descobrir quantas nuanças de cores se consegue ver e se é possível ampliar-se o alcance? Podem-se fazer experimentos semelhantes com o tato, o olfato e o paladar. Por exemplo, o nariz, o mais negligenciado dos órgãos dos sentidos. Em um artigo intitulado '*Your Educated Nose*' adaptado do livro *The Sense of Smell*, o autor Roy Bedicheck diz:

A maioria dos sistemas escolares tem professores de arte que educam o olho, e professores de música que educam os ouvidos, mas nenhum até agora tentou ensinar ao nariz. Contudo o nariz detém a chave para distinções que nenhum outro sentido pode abrir, e para prazeres estéticos que são tão grandes para uns, quanto o são a música e a pintura para outros.

Seria uma experiência fascinante tornar-se o seu próprio instrutor até onde diga respeito à educação dos vários sentidos. Quando nada especial puder ser feito, a pessoa pode deitar-se ou sentar-se calmamente, ampliando de maneira gradual o alcance da receptividade dos sentidos. E isso pode ser feito sem haver preocupação com o incremento do potencial cerebral. Esse processo de educação dos sentidos será uma introdução à tarefa maior de aumentar o potencial cerebral, e será uma introdução apropriada. A pessoa começará a viver em um mundo mais amplo antes que esse mesmo mundo seja ampliado ainda mais pelo incremento do potencial cerebral. Desse modo a reeducação dos sentidos será o primeiro passo em direção à quebra das barreiras que nos obrigam a viver em um mundo restrito. O segundo passo será o incremento do potencial do cérebro de modo que todo o cérebro funcione, e não apenas parte dele, como ocorre atualmente.

Neste trabalho de intensificar o potencial cerebral, devemos cuidar para que não seja perdido de vista o princípio gêmeo de intensidade e variedade. Com relação à intensidade é através do caminho da felicidade que a pessoa deve mover-se. Mas felicidade é uma palavra vaga que não denota claramente o estado biológico envolvido. Talvez a palavra prazer fosse mais apropriada como experiência biológica de felicidade. Uma vez que estamos discutindo a questão da liberação da *Kundalini*, a energia biológica, seria bom que pesquisássemos o funcionamento do princípio do prazer. O prazer é algo com o qual todos nós estamos familiarizados, pois surge no interior da experiência sensorial. É pela compreensão do princípio do prazer que seremos capazes de compreender a liberação de energia por meio do processo de fusão. A experiência do prazer fornece um sentimento de energia e vitalidade ao nosso mecanismo biológico. Em momentos de prazer sentimos o corpo mais vigoroso e menos cansado. Infelizmente, nas assim chama-

A Ciência da Meditação - **79**

das disciplinas espirituais, o prazer foi totalmente banido; aliás, o prazer é considerado como algo positivamente antiespiritual. Sentir prazer é algo natural para o ser humano. Se a disciplina espiritual não começa com algo que é natural, ela será uma disciplina forçada, levando ao cansaço e à frustração. Para se poder avançar no esforço espiritual é melhor começar a partir da base de algo que seja natural. E certamente que prazer e dor são as experiências mais naturais de um ser humano. Mas já que a dor exaure a energia da pessoa e o prazer libera energia, para os propósitos do despertar da *Kundalini*, é a via do prazer que precisa ser explorada.

Mas alguém pode perguntar: Não era o *Tantra* que defendia o caminho do prazer na sua *Sadhana*, ou disciplina espiritual? No *Tantra*, o *Yoga* e o *Bhoga* têm que coexistir se a pessoa desejar adentrar os reinos espirituais. A palavra *Bhoga* significa gozo. Desse modo, as práticas *tântricas* reconheciam a base do princípio do prazer ao empreender a disciplina espiritual. Mas sabemos que as disciplinas *tântricas* degeneraram em práticas imorais e orgias sexuais. É por causa dessa degeneração que o *Tantra* tornou-se uma palavra a ser evitada em qualquer prática espiritual séria.

Por que as práticas *tântricas* degeneraram em orgias sexuais, e como sabemos que o princípio do prazer no despertar da *Kundalini* não nos levará pelo mesmo caminho mais uma vez? O prazer nasce do desejo, e não há nada de errado em se ter desejos. Ter desejos é natural para um ser vivo. Poder-se-ia muito bem dizer que a mente de uma pessoa viva não deveria ter pensamentos. Os pensamentos tendem a surgir na mente da pessoa que está viva. De modo semelhante os desejos tendem a surgir na vida de um indivíduo vivo. Não ter desejos é ser um esqueleto, psicologicamente oprimido, não possuindo vitalidade nem energia alguma. Certamente que não se pode ir até a porta da Realidade como um esqueleto. Em um tal estado a pessoa não terá energia alguma para experienciar até mesmo o impacto da Realidade. Não é o desejo que é errado; é a transformação do desejo em anelo que faz com que nos defrontemos com problemas no caminho espiritual. Ter desejos e todavia não transformá-los em anelo – eis o que precisa ser entendido se a pessoa quiser trilhar o caminho espiritual com alegria, sem cansaço e enfado. *Yoga* não significa matar todos os pensamentos e desejos; significa chegar a um estado onde pensamentos e desejos surgem, mas não lhes é dada continuidade. Quando se dá continuidade ao desejo então ele se torna anelo. Em *Luz no Caminho*, um livro profundo de misticismo teosófico, são dadas as seguintes instruções ao aspirante espiritual:

> Deseja aquilo que está dentro de ti
> Deseja aquilo que está além de ti
> Deseja aquilo que é inatingível.

Mas essas três instruções são seguidas de uma outra que diz:

> Mata o desejo pela vida.

Pedir ao aspirante para ter desejos e, contudo, instruí-lo para matá-los é tremendamente confuso. Essas instruções só podem ser entendidas quando se faz distinção entre desejo e anelo – ter desejo e ainda assim não permitir que ele se torne um anelo, isso é o que se exige do aspirante.

É no sentimento do prazer que a pessoa experiencia a liberação de energia biológica. Se pudesse haver prazer e ainda assim não se lhe dar continuidade – então a energia liberada poderia não apenas ser intensificada como também poderia ser usada para qualquer outro propósito que a pessoa tivesse em vista. É quando se dá continuidade ao prazer que começa a degeneração. Não é o sentimento do prazer que cria problema na vida espiritual, é a continuidade que se dá a ele que traz imensas dificuldades no caminho espiritual. Nas práticas *tântricas* quando não se obedecia a esse aviso o prazer resultava em desmoralização e orgias sexuais.

O que queremos dizer com não dar continuidade ao prazer? Obviamente que prazer implica em gozo. Se pudesse haver gozo sem indulgência certamente teríamos, em momentos de prazer, a liberação da energia acumulada, sem no entanto acontecer a degeneração causada pela busca do princípio do prazer, como tem sido testemunhado nas práticas *tântricas*. Existe uma idéia equivocada de que a experiência do prazer no nível corpóreo só pode ser prazer sexual. Embora o prazer sexual não esteja excluído, ele não exaure a esfera de prazer no nível biológico. Na realidade, o gozo

A Ciência da Meditação - 81

sem indulgência deve significar mover-se do sensual para o sensório no campo do prazer. Quando ocorre esse movimento, o prazer transforma-se em alegria e depois em deleite. Do deleite esse movimento, de gozo sem indulgência, passa para o enlevo e depois para a experiência de bem-aventurança e êxtase. Esse movimento começa com o prazer, pois esse é o único começo que o homem pode fazer. Se não for dada continuidade ao prazer então esse movimento em direção à alegria, ao deleite, ao enlevo, à bem-aventurança e ao êxtase ocorre espontaneamente. Como dissemos anteriormente, não é o prazer que é nocivo, mas sim o ato de dar continuidade ao prazer. Se a pessoa sente intenso prazer a respeito de qualquer coisa, e consegue refrear a indulgência, a intensidade do prazer cresce à medida que o movimento do prazer culmina na bem-aventurança e no êxtase. Durante todos os passos intervenientes a intensidade cresce tremendamente. Aquilo que evita a ocorrência da intensidade é a indulgência. Na indulgência a energia liberada pelo prazer é dissipada ou desperdiçada e, assim, não pode haver qualquer movimento ulterior em direção à alegria, ao deleite, ao enlevo, à bem-aventurança, e daí ao êxtase.

Quando há gozo sem indulgência, a intensidade do prazer aumenta, e é essa intensidade que dá início ao movimento do sensual para o sensório, do prazer para a bem-aventurança e para o êxtase. Quando há gozo com indulgência o sentimento de prazer degenera em excitação, e a excitação é sempre exaustiva. Nessa exaustão a energia se dissipa, e, assim, ao final do prazer a pessoa está quase prostrada. Há um abismo de diferença entre intensidade e excitação. Estranho como possa parecer, a intensidade gera mais energia, é como a geração de energia por Fusão. No capítulo anterior vimos que através da fusão dois elementos leves são induzidos a se aproximarem. Mas isso só é possível quando há intensidade de calor. Estamos considerando o despertar da *Kundalini* pelo método da Fusão. Desse modo a intensidade é um *sine qua non* na liberação da energia de *Kundalini*. Essa intensidade é suprida pelo gozo sem indulgência, onde o gozo não é desacelerado; aliás, ele está no seu ponto máximo, mas não se lhe permite desperdiçar-se em atos de indulgência. Ora, indulgência e resistência são dois lados da mesma moeda, pois quando resistimos é por indulgência no seu oposto. Se há gozo sem resistência ou indulgência, o prazer alcança o seu pico de intensidade. Nesta pura intensidade, o sensual é destruído e o sensório passa a existir.

Em outras palavras, começa o movimento do prazer à alegria, ao deleite, ao enlevo, à bem-aventurança e ao êxtase.

Alguém pode perguntar: O que é indulgência, e como ela se projeta na experiência do prazer de uma pessoa? Indulgência é o ato de agarrar-se ao evento, à experiência, ou ao objeto, que não conseguimos deixar escapar. Não podemos terminar a experiência a qualquer momento, certamente não no seu auge. Indulgência é o ato de dar extensão no tempo a objetos e eventos de prazer. Só abandonamos o prazer quando nos sentimos saciados, quando estamos exaustos, ou quando nos sentimos entediados e cansados. Deixar o prazer em um tal estado é deixá-lo de lado quando se está debilitado ou quando a energia da pessoa já foi dissipada. Somente quando não temos mais energia é que, por um momento, nos afastamos dos objetos de prazer, ou temporariamente terminamos o evento que nos tinha dado prazer. Em tal indulgência é óbvio que não sobra energia para o movimento, do sensual para o sensório. Quando um evento, experiência, ou objeto de prazer é posto de lado no auge da experiência, então o que permanece é pura intensidade, não relacionada a eventos e objetos. Ao finalizar a experiência em tal ponto a pessoa pode mover-se com uma intensidade que não está circunscrita por eventos e objetos. A intensidade é extraída das experiências agradáveis quando tais experiências estão no seu ponto máximo, ou no auge. Ser capaz de deixar uma experiência quando se está no auge é ser dotado de tremenda intensidade, comparável à intensidade necessária à geração de energia pelo método de Fusão. É somente em tal intensidade que *Shiva* e *Shakti* podem ser induzidos a se aproximar; é em tal intensidade que os dois pólos, negativo e positivo, unem-se para gerar energia. Em alguns livros ocultos diz-se que *a Kundalini* jaz cobrindo o coração. Isso parece estranho, porque geralmente supõe-se que *a Kundalini* encontra-se próximo à base da coluna espinhal. Entre a base da coluna e o coração não há proximidade. Mas nesse contexto não se deve entender coração em termos físicos. Coração significa sentimento. Dizer que *Kundalini* encontra-se cobrindo o coração implica dizer que ela espera ser despertada pela intensidade do coração. Quando a intensidade livra-se de todas as suas associações com eventos ou objetos, então ocorre o fim da indulgência. Isso é possível

A Ciência da Meditação - 83

quando a pessoa pode terminar uma experiência, mesmo a mais agradável, numa fração de segundos sem olhar demoradamente para o evento ou objeto deixado para trás. Se a pessoa estiver ouvindo música, apreciando a beleza da natureza, ou se estiver absorta na leitura de um livro. . . pode ela abandonar essa atividade no meio do maior gozo e sem qualquer constrangimento? Isso inclui todas as experiências que dão prazer biológico à pessoa. Ser capaz de terminar uma experiência no auge do prazer é estar livre de indulgência. Em *Palestras de Londres,* de 1965, J. Krishnamurti faz a seguinte pergunta:

> Como se chega ao ponto onde em pleno gozo de alguma coisa, a pessoa o termina?

Ser capaz de terminar a associação ou identificação com alguma coisa no exato momento do pleno gozo é conhecer o gozo sem indulgência. É em tal gozo que o fim surge no momento da plena intensidade. Então é a intensidade que permanece, pois o que terminou foi a associação ou identificação da pessoa com o objeto ou evento. Extrair a pura intensidade do gozo é iniciar o movimento do sensual para o sensório.

A experiência sensual não é necessariamente a experiência sexual. Qualquer experiência pode tornar-se sensual. De modo semelhante qualquer experiência pode tornar-se sensória. A experiência sensória pertence unicamente aos sentidos. É na experiência sensual que entra a mente ou o pensamento. Os sentidos em si mesmos não se apegam a qualquer experiência ou evento. É a entrada do pensamento que pede aos sentidos para demorar-se em um determinado ponto, ou para não se demorar em qualquer ponto particular. É a partir daí que os sentidos são instruídos a se apegarem. E assim, é a entrada do pensamento que transforma uma experiência sensória em sensual. O fator de indulgência em meio ao gozo é produto do pensamento. É o pensamento que dá continuidade ao prazer. É a mente que não deixa qualquer experiência terminar no seu ponto de máxima intensidade. Ela pede cada vez mais a repetição de uma experiência particular, do mesmo modo que pede cada vez menos alguma outra experiência. No Segundo Discurso do *Bhagavad-Gita* há um verso significativo que diz:

Atinge a paz aquele a quem todos os desejos afluem como fluem os rios para o oceano, que está cheio d'água, e permanece impassível – não aquele que anseia por desejos.

Segundo esse verso não é o desejo que cria o problema. Aliás, o verso diz que aquele para quem afluem todos os desejos, do mesmo modo como fluem os rios para o oceano, sabe o que é a paz da mente. O problema surge quando se anseia por desejos. É com a entrada do pensamento no campo do desejo que começa o anseio pelos desejos. É isso que torna aquilo que é sensório naquilo que é sensual. Mesmo o fato de se ouvir música, ou engajar-se na pintura, ou na leitura de um livro, ou qualquer outra coisa, pode tornar-se sensual com a entrada do pensamento no gozo dessa atividade. O gozo sem indulgência é realmente gozo sem aquele que goza. Não é preciso assinalar que a mente é que é aquele que goza. A intensidade produzida pelo prazer intensifica-se muitíssimo mais quando há gozo sem aquele que goza, quando o fator de indulgência não entra na experiência de prazer. À medida que cresce a intensidade iniciada pelo prazer, esse alcança o auge em bem-aventurança e êxtase. Sob o impacto dessa intensidade *Kundalini* é despertada de uma maneira gentil. Sua energia, negativa em caráter, move-se para o *Sahasrara*, onde ocorre a união de *Shiva* e *Shakti*.

Após essa união é que a energia nova torna-se disponível para o cérebro, e por meio desse para todo o corpo. A não ser que o positivo e o negativo se encontrem, não pode haver energia disponível para o rejuvenescimento do cérebro e de todo mecanismo biológico. No modo espontâneo, a intensidade, gerada pelo prazer e aumentada no modo sensório, induz à união de *Shakti* e *Shiva*. Esse é de fato o modo de Fusão. No seu fluxo ascendente, *Kundalini* toca os vários *chakras* ou centros de forças, mas não pára aí. Nesse leve toque de *Kundalini* os *chakras* são, sem sombra de dúvida, estimulados, mas não são ativados para funcionamento apropriado. Somente quando *Kundalini* desce do *Sahasrara*, após a união com *Shiva*, é que ela ativa um a um os vários *chakras*, liberando desse modo as atividades funcionais dos mesmos. No método tradicional de *Hatha Yoga*, *Kundalini* pára em cada *chakra* na sua jornada ascendente. Essa prática pode servir para o desenvolvimento de poderes psíquicos, mas certamente não resulta na ativação das porções ociosas do cérebro, nem fornece energia e vitalidade novas ao mecanismo biológico. Neste método, o propósito é vitalizar os vários *chakras* com a ajuda de *Kundalini*. Mas no modo espontâneo sobre o qual estivemos discutindo, o propósito fundamental é a revitalização do cérebro e do corpo. E assim, *Kundalini* na sua subida move-se para o pólo positivo de *Sahasrara*. É na sua descida que os vários *chakras* são lentamente ativados. Isso é *Kundalini* operando de Cima, e não de Baixo.

Alguém pode perguntar, e com razão, que se *Kundalini* é despertada através da intensidade iniciada pela experiência do prazer, mas, sem que seja permitida a entrada do fator de indulgência, não poderá o aspirante espiritual tornar-se dependente dos momentos de prazer sobre os quais não tem controle? Ademais, os momentos de prazer não podem ser requisitados, eles surgem quando resolvem surgir. Assim a pessoa tende a depender dos caprichos e das fantasias das circunstâncias exteriores. Os momentos de prazer podem surgir subitamente ou podem não surgir durante um longo tempo. E, assim, o método de despertar *Kundalini* através do prazer parece muito incerto.

Mas não é assim, pois podemos conscientemente usar a técnica de intensidade do prazer no despertar da *Kundalini* de maneira espontânea ou aquilo a que chamamos Método de Fusão. Existem passos práticos que simultaneamente induzem *Kundalini* a se elevar sob a influência de tremenda intensidade de enlevo e bem-aventurança, e ao mesmo tempo iniciar medidas eficazes para a intensificação do potencial cerebral. Este é o método de percepção com atenção. Nós vimos enquanto discutíamos a questão do relaxamento que o princípio a ser observado deve ser a percepção sem atenção – é uma percepção sensorial sem atenção cerebral. Mas na tarefa de intensificar o potencial cerebral e da liberação de *Kundalini* através da intensidade que surge do prazer, o princípio a ser seguido é o da percepção com atenção. Isso implica percepção sensorial e atenção cerebral. A pessoa pode interpretar esse princípio de maneira diferente e dizer que ele é o reconhecimento sem identificação. O reconhecimento vem do cérebro, mas a identificação é dada pela mente. Reconhecer mas não identificar é a maneira mais certa de aumentar o potencial cerebral. Reconhecer alguma coisa é de fato ver aquela coisa; mas identificá-la é colocá-la em uma moldura de memória psicológica e depois vê-la.

Reconhecer é ver o quadro sem a moldura, mas identificar é ver o quadro dentro da moldura suprida pela mente através da memória.

A questão é: como empregar conscientemente a técnica do prazer para o despertar da *Kundalini* e para o aumento do potencial cerebral? A pessoa pode escolher um objeto de seu interesse intrínseco – pode ser música, pintura, filosofia, mecânica, ou qualquer outra coisa. Desde que seja um objeto do interesse da própria pessoa, não pode haver compulsão na sua persecução. Se por cerca de meia hora a pessoa pudesse ficar completamente envolvida, onde há gozo sem indulgência, então descobrir-se-ia que essa experiência auxilia muito no despertar da intensidade. A pessoa deve desfrutar dessa busca sem obstáculo ou impedimento, envolvendo-se nela, de modo que durante esse período de gozo nada mais exista. Esse gozo deve ser total, de modo que o pensamento não penetre sua área. Se o pensamento penetrar, a experiência será fragmentada entre aquele que desfruta e aquilo que é desfrutado. Com essa divisão torna-se possível o aparecimento da indulgência. Já que essa é uma busca de interesse primário da pessoa não poderia haver questão a respeito de se distrair com qualquer circunstância exterior. A pessoa pode perder-se nessa busca. Mas a distração causada pela entrada do pensamento não pode ser excluída. É possível que a pessoa possa começar a identificar o que ela está experienciando. Essa identificação significa comparação e, portanto, o julgamento é baseado nessa comparação. Quando isso acontece, é perdida a intensidade do gozo. Então surge, na esfera do gozo, aquele que goza. Nesse gozo, sem aquele que goza, existe apenas a audição ou a ação sem o ouvinte ou o ator. Se permanecer apenas a audição sem o ouvinte, então a experiência possui totalidade, pois existe sem a fragmentação causada pela dualidade. No antigo livro de Kashmir Saivism, *Vijñāna Bhairava* há um *sutra* que diz:

> Quando estiver comendo ou bebendo, torne-se o gosto do alimento ou da bebida, e regale-se.

Tornar-se o gosto sem a entidade que experimenta – é isso que é gozo sem aquele que goza. Nesse gozo há uma grande intensidade de experiência. E essa intensidade dá início ao movimento do sensual para o sensório. Apreciar objetos do interesse intrínseco de alguém com completo abandono, e sem indulgência, é o segredo para, através daquela experiência, despertar uma intensidade que não é tocada por aquele que goza. Não ter indulgência e, todavia, estar completamente imerso nela, significa que se pode pôr termo àquela experiência a qualquer momento, enquanto se está no auge do gozo. Esse término é completamente sem qualquer ressentimento ou olhar demorado. Aquele que goza é que não permite que termine uma experiência tão intensa. Ele exige cada vez mais da experiência. Mas sem aquele que goza a experiência é completa o tempo todo, e, assim, a questão de se ter mais não tem qualquer relevância. A pessoa pode passar meia hora, uma hora, nessa experiência de abandono total com referência ao objeto de seu interesse intrínseco. Aí não pode haver questão de se estender o tempo um pouco mais. A demanda pela extensão do tempo é feita por aquele que goza, que corrompeu a experiência pelo seu ato de indulgência. Se houver total abandono no ato do gozo então dele é extraída a pura intensidade – não a intensidade sobre qualquer coisa, mas apenas a intensidade que se move em direção à alegria e ao deleite, ao enlevo e à bem-aventurança e, finalmente, ao êxtase. É a intensidade que se move e funciona e, assim, à medida que se move ela cresce cada vez mais em intensidade. Os impactos de tal experiência sobre os sentidos lança essa intensidade na cavidade do cérebro – a porção ociosa desse instrumento de adaptação que o homem possui e que deve usar, se quiser resolver com sucesso o problema de sua própria sobrevivência.

Enquanto essa intensidade derrama-se pelo cérebro, ela também desperta a adormecida *Kundalini*. A intensidade induz *Shakti* a se aproximar de *Shiva*. É somente na intensidade que a fusão dos dois é possível. E a intensidade é suprida pelo gozo total sem a presença daquele que goza. Vimos que aquele que goza é a mente. Como manter a mente afastada? Como providenciar para que o pensamento não penetre? Quando a intensidade tiver tocado o cérebro e o tiver ativado, o próprio cérebro ativo evitará a entrada do pensamento. É o cérebro passivo que, de braços abertos, convida a mente. Mas um cérebro ativo, funcionando sob grande intensidade suprida pelo gozo intocado pela indulgência, não permite que a mente ou o processo do pensamento o penetrem. O cérebro não tolera a interferência da mente enquanto está engajado no seu próprio e legítimo trabalho de dar forma às sensações que se derramam dentro de si oriundas dos centros de gozo intenso. É experiência comum de todos nós que quando estamos passíveis de sofrer um acidente, e quando estamos, por exemplo, atravessando uma estrada movimentada, o cérebro quer manter-se livre para fazer seus próprios cálculos sem a intrusão da mente. O cérebro sabe que a intrusão da mente naquele momento faria com que errasse seus cálculos, resultando no acidente que está tentando evitar acontecer à pessoa.

O cérebro humano é como um computador, e como todos os computadores ele insiste em ser alimentado com informação correta, em quantidade, e sem viés. A intensidade da experiência dá ao cérebro-computador fatos concretos, inalterados por aquele que goza ou pelo processo de indulgência. Quando o cérebro é alimentado com um número cada vez maior de relatórios dos sentidos, ele tem de estar tremendamente ativo. Ele precisa passar o arado em um número de áreas cada vez maior. Um número cada vez mais significativo de centros reverberadores deve ser aberto para processar os relatórios que chegam em número sempre crescente por causa da intensidade da experiência. É a esse cérebro grandemente ativado que acorre a *Kundalini* desperta.

O cérebro ativado denota a energia masculina no seu nível mais elevado. É a esse cérebro que se achega a energia feminina de *Kundalini*. É como deve ser. É à energia masculina funcionando ao máximo que a energia feminina de *Kundalini* deve vir – pois somente então é perfeita a união dos dois. E, assim, a intensidade do gozo iniciada pelo prazer serve a um duplo propósito. Primeiro, despertar a *Kundalini* sob o impacto da intensidade, e segundo, intensificar o potencial cerebral de modo que um número cada vez maior de áreas ociosas sofra a ação do arado. E isso pode ser feito à medida que a pessoa, com a totalidade da ação cerebral, desfruta de qualquer evento, acontecimento ou objeto, no qual esteja intrinsecamente interessada. Mas nesse gozo não deve entrar o pensamento, pois o pensamento é que é o gerador de indulgência. Mas é possível evitar a entrada do pensamento na esfera do gozo? É interessante observar que o pensamento é sempre tímido. No momento em que a pessoa observa sua chegada ele desaparece. E, assim, em meio ao gozo, se a pessoa estiver observando a chegada do pensamento, o vilão não mais irá intrometer-se na esfera do gozo. Estar completa-

A Ciência da Meditação - **89**

mente absorto no objeto de interesse intrínseco e, contudo, estar tão alerta para poder abandonar o gozo a qualquer momento, sem a menor hesitação, antes que ele tente deslocar-se ao longo do caminho da indulgência – esse é realmente o modo do prazer ou o método de fusão do despertar da *Kundalini* e, ao mesmo tempo, da intensificação do potencial cerebral. Nesse método o cérebro não fica desequilibrado como é o caso nos métodos tradicionais, porque o cérebro ajusta-se à nova situação que surge com o despertar da *Kundalini*. A adaptação do cérebro continua simultaneamente com a recepção da energia oriunda do despertar da *Kundalini*. A não intervenção do pensamento no momento do gozo torna o cérebro extraordinariamente alerta. Ele é capaz de manifestar ao máximo sua natureza masculina. E é nesse estado que o cérebro recebe a força feminina de *Kundalini*. Naturalmente que com a união do positivo e negativo, do masculino e feminino, uma grande quantidade de energia nova é liberada. Esse é o Método de Fusão ou Método Espontâneo de despertar a *Kundalini*. Há outros tópicos envolvidos na liberação de energia, mas voltaremos nossa atenção para eles lá pelo final deste capítulo.

Com relação à questão da *Kundalini* que estamos considerando face à face com o cérebro humano, há três outras questões importantes envolvidas. Primeira, a liberação de energia; segunda, a prevenção da dissipação da energia; e terceira, o direcionamento para cima do movimento da energia liberada. Iremos considerar o último ponto um pouco mais tarde. Neste estágio estamos preocupados com a primeira e segunda questões. A liberação de energia deve ocorrer quando o cérebro tiver sido ativado. Ele não está mais numa condição passiva. Essa ativação do cérebro é necessária se ele tiver que receber a energia liberada pelo despertar da *Kundalini*. Este é o ponto que está faltando nas práticas tradicionais de *Hatha Yoga*. Se a energia de *Kundalini* alcançar o cérebro enquanto ele estiver entorpecido e em estado de passividade, então a energia extra irá criar um desequilíbrio no cérebro. O cérebro passivo não iria saber o que fazer com a energia extra. É por esse motivo que o cérebro deve ser ativado através do gozo sem indulgência. Ele será ativado porque não irá ocorrer a entrada do pensamento no momento do gozo. É a entrada do pensamento em meio à experiência que torna o cérebro passivo. Mas quando o pensamento não entra, o cérebro será induzido a trabalhar sobre as sensações recebidas nos momentos de gozo pleno sem distração. Não apenas o cérebro será ativado, também os sentidos irão tornar-se mais responsivos aos impactos da vida exterior. Assim, na condição de um cérebro alerta e de sentidos sensibilizados, se a energia da *Kundalini* penetrar o cérebro, haverá uma pronta união com o cérebro adrede preparado. Então a nova energia será utilizada pelo cérebro para abrir inúmeros outros centros de aprendizagem.

Estivemos até agora considerando somente a questão da intensidade. Devemos voltar nossa atenção para a questão da variedade, já que essa forma um elo importante na cadeia de intensificação do potencial cerebral. Vimos que quando não se permite à indulgência penetrar a experiência de prazer, então a intensidade do gozo cresce e surge o movimento do sensual para o sensório. Essa questão da intensidade foi assim tratada em um dos *sutras* do *Vijñâna Bhairava*:

> Mantenha-te atento ao fogo no seu início, e, assim, continuando, evita as brasas no final.

A afirmação acima diz que o fogo deve permanecer aceso até o fim, tanto assim que ao chegar ao final não deve desfazer-se em cinzas ardentes. A intensidade não deve ser desacelerada, porém isso só é possível quando existe gozo sem aquele que goza. Enquanto estamos lidando com o problema da intensidade, ainda permanece a questão da variedade. Na intensidade o cérebro será ativado para que de um estado passivo chegue a uma condição ativa. Nessa condição ativa, quando ele recebe a energia de *Kundalini*, liberada em tais momentos de intensidade constante, novos centros de aprendizagem devem entrar em operação. Em outras palavras, a intensificação do potencial cerebral deve acontecer para que as partes estéreis do cérebro sejam fertilizadas em função da água fresca disponível para a irrigação dos campos ociosos. É isso que traz à tona a consideração da questão da variedade.

Enquanto para a intensidade o que se precisa invocar é o objeto de interesse intrínseco, para a variedade a pessoa tem que escolher algum objeto, ou objetos de interesse secundário. Quanto mais objetos de interesse secundário houver, maior é a variedade disponível para o trabalho do

A Ciência da Meditação - **91**

cérebro. Infelizmente a maioria de nós não possui nem interesses intrínsecos nem interesses secundários. No funcionamento do cérebro sob tais condições somente ranhuras são formadas, e, assim, a pessoa continua com movimentos monótonos ao longo dessas trilhas batidas que produzem tédio e cansaço. O cérebro deve ser retirado da rotina, da monotonia da trilha batida. É verdade que no objeto de interesse secundário a pessoa não pode absorver-se tão facilmente como no objeto de interesse intrínseco. Mas com um pouco de esforço o interesse pode ser despertado. No começo seria bom selecionar um objeto de interesse secundário que esteja tão próximo quanto possível do objeto de interesse intrínseco. Mas gradualmente a pessoa deve afastar-se cada vez mais de modo que o interesse secundário caia em uma categoria completamente diferente da do objeto de interesse primário ou intrínseco. É somente assim que a variedade pode ser erigida.

Quando o cérebro tiver sido ativado e a intensidade tiver liberado a energia de *Kundalini*, os impactos que vêm das áreas de interesse secundário trarão à existência novos e reverberantes centros de aprendizagem. Mas com respeito ao interesse secundário, devem ser rigorosamente seguidos os mesmos princípios de percepção com atenção, e de gozo sem indulgência. A entrada do pensamento é mais provável aqui, mas a pessoa pode evitar a sua entrada observando a sua chegada. Será fácil observar a chegada do pensamento no objeto de interesse secundário. Quando o pensamento não consegue entrar, o gozo sem indulgência na esfera do interesse secundário não causará dificuldades. Se a pessoa puder diariamente experimentar ambos os esquemas, o de interesse intrínseco e o de interesse secundário, então o cérebro não apenas será ativado, como também será capaz de usar a energia oriunda do despertar da *Kundalini* para colocar um número cada vez maior de áreas dos seus campos ociosos sob a ação do arado. A intensidade e a variedade colocarão todo o cérebro em condição ativa, para que não apenas dez por cento, mas todo o seu potencial seja posto em operação ativa. Não é preciso dizer que a persecução do interesse secundário deve também ter o seu início no prazer sem indulgência, já que de outro modo irá tornar-se um fator que contribuirá para a dissipação da energia liberada sob condições de intensidade. No interesse secundário o movimento também deve partir do sensual para o sensório para que também se junte à liberação de energia baseada em sua própria intensidade, embora reduzida por natureza.

Mas pode-se dizer que se a vida da pessoa estiver cheia de um duro sofrimento, e uma dor que não encontra alívio, como pode ela usar a técnica do prazer para despertar a *Kundalini* e para intensificar o potencial cerebral? Quando não há momentos de prazer, o que se deve fazer? Deve a pessoa resignar-se ao seu fardo ou pode empregar a técnica de expansão do prazer em oposição à técnica de contração da dor? Tal pessoa pode também seguir com o Método de Fusão. Se nas circunstâncias atuais de a tal pessoa não há incidentes de prazer, então ela pode recuperar eventos passados de alegria por meio da memória. Ela pode reviver esses eventos e acontecimentos; mas com a mesma abordagem que viemos discutindo, a saber, gozo sem indulgência. Esse reviver na memória não deve degenerar em devaneio. O propósito de se reviver momentos felizes do passado através da memória é somente para despertar a intensidade, e não para buscar uma fuga das condições infelizes do presente. Tal reviver pode ser de curta duração, dez a quinze minutos de cada vez. Mas se o reviver na memória foi vívido e forte, então não será diferente de uma experiência semelhante no presente. Tal vívido reviver na memória irá requisitar intensidade a qual irá mais uma vez mover-se do sensual para o sensório. Em tal movimento a intensidade irá crescer e servir ao duplo propósito de ativar o cérebro e liberar a energia de *Kundalini*. Com a memória, a pessoa pode experimentar os dois em termos de objetos de interesse intrínseco e objetos de interesse secundário. Certamente que a pessoa pode lembrar-se de tais eventos e acontecimentos do passado, e, assim, empregar a técnica do prazer para a intensificação do potencial cerebral. Como dissemos antes, o nosso objetivo com o despertar da *Kundalini* é somente intensificar o potencial cerebral para que o cérebro possa efetiva e eficientemente lidar com os desafios da vida.

Nem é preciso dizer que o que temos feito com a ajuda da memória pode também ser feito com a imaginação. A pessoa pode imaginar vívidos acontecimentos e eventos de prazer. E a nitidez da imaginação irá uma vez mais ser tão boa quanto os próprios acontecimentos. Isso irá liberar a intensidade, e se não se permitir a entrada da indulgência, essa intensidade irá crescer ainda mais, iniciando um movimento em direção à alegria e ao deleite, ao enlevo e à bem-aventurança e, finalmente, à

A Ciência da Meditação - 93

experiência do êxtase. Assim, a técnica do prazer sem indulgência pode estar disponível para todos, os afortunados e os aparentemente desafortunados, também.

Esse é o método espontâneo de intensificar o potencial cerebral com o propósito de liberar a energia de *Kundalini*. O modo espontâneo é seguro, primeiramente porque pode ser praticado por qualquer indivíduo sem a necessidade de um guru ou especialista. Segundo, é seguro porque prepara o cérebro para receber a energia de *Kundalini* primeiramente ativando-o mesmo dentro dos confins de seu potencial. Um cérebro rombo e passivo mal pode conter o fluxo de energia que chega de *Kundalini*. E assim, no Método de Fusão, que estivemos discutindo, existe a infalível medida de segurança de se preparar o cérebro expulsando-se seu embotamento e passividade. Devemos lembrar também que nesse Método de Fusão não estamos preocupados com a ativação dos vários *chakras* através de *asanas* e de concentração. Por esse processo a força da *Kundalini* desloca-se para a cavidade do cérebro, onde uma nova energia é liberada com o encontro dos pólos positivo e negativo. Essa é deveras a união de *Shiva* e *Shakti*. De uma tal união de Amor nasce a mais potente e poderosa energia. Então *Kundalini Shakti* desce, e nesse seu movimento descendente ativa os vários *chakras*. A estimulação dos *chakras* é feita pela própria energia. Com a descida de *Kundalini* para o centro *Muladhara* ocorre novamente a sua robusta subida sob forte intensidade. A subida e a descida de *Kundalini* torna-se um ritmo que mantém o mecanismo biológico em condições de saúde e vigor. É uma idéia equivocada a de que *Kundalini* é despertada de uma vez por todas e que então o aspirante espiritual pode recostar-se na sua poltrona. O fluxo de *Kundalini* tem de ser constante para que de tempos em tempos o cérebro humano receba energia revigorada para o cumprimento dos seus árduos afazeres. Em cada subida e descida os vários *chakras* são cada vez mais vivificados, mas de uma maneira natural e sem esforço. Não somos nós que vivificamos os *chakras*, é a própria *Kundalini* que o faz quando desce após revitalizar o cérebro.

Em todas as discussões sobre o despertar da *Kundalini* existe uma palavra que é constantemente mencionada, e que é considerada como palavra-chave. Essa palavra é *Urdhva-retas* ou movimento ascendente da energia. Na literatura tradicional sobre *Kundalini* isso é interpretado como o movimento ascendente da energia sexual. Uma tal interpretação tornou-se predominante porque o significado mais amplo da palavra *Retas* não foi levado em consideração. *Retas* não significa simplesmente energia seminal. Um dos significados da palavra *Retas* é *Dhara* que significa fluxo de corrente. Desse modo *Retas* implica em fluxo de energia, inclusive da energia sexual, mas não exclusivamente desse tipo de energia. A energia biológica pode ser liberada devido à intensidade do prazer. E como vimos, essa intensidade cresce cada vez mais e há um movimento do sensual para o sensório. Essa energia liberada sob o impacto da intensidade deve ser guiada para cima, pois só assim pode o cérebro beneficiar-se da mesma. Se ela desce, a energia pode dissipar-se. Como pode essa energia ser guiada para cima? Há apenas uma maneira, e essa é por meio da prática simples de *Pranayama*. A energia liberada é a própria energia vital, que rejuvenesce o mecanismo biológico. Uma vez que é a energia vital, é por meio do auxílio do alento vital ou *Prana* que o seu movimento para cima pode tornar-se possível. Essa prática de *Pranayama* não é tão difícil que se precise da presença de um guru ou de um instrutor experiente. É conhecida como *Bhastrika Pranayama*. E é descrito no *Hathayogapradipika* como segue:

> *Bhastrika* deve ser executada da seguinte maneira: Pressione a narina esquerda com os dedos anular e mínimo e então inspire e expire pela narina direita, como um par de foles. Quando estiver cansado, pratique *Kumbhaka* inspirando pela narina direita e exalando pela esquerda. Depois pressione a narina direita e inspire e expire como os foles pela narina esquerda, etc. Assim, continue alternando até sentir-se cansado. Esse é um método.
>
> A outra maneira de praticá-la é: fechando a narina esquerda, inspire tanto quanto for possível pela narina direita, rapidamente feche essa narina e depois expire gradualmente pela narina esquerda. Isso deve ser feito muitas vezes.

Existe também uma alternativa para o segundo método que diz que a expiração deve ser executada tão rápida e profundamente quanto a

A Ciência da Meditação - 95

inspiração. E, assim, temos os três principais métodos para o desempenho do *Bhastrika Pranayama*. É bastante simples e não requer a presença de nenhum perito ou instrutor experiente. Pode-se fazer isso sozinho sem qualquer perigo. Porém, deve-se prestar atenção ao aviso – que é: não se deve chegar à exaustão. Esse *Bhastrika Pranayama* efetua o movimento ascendente da energia de modo natural e espontâneo. Desse modo o Método de Fusão é: intensidade para a liberação de energia, não-indulgência para evitar a dissipação de energia e *Bhastrika Pranayama* para guiar para cima a energia liberada, de modo a revitalizar o cérebro humano possibilitando-lhe funcionar com potencial cada vez maior.

Discutimos a questão do potencial cerebral em grande parte porque é o ponto crucial do assunto no que diz respeito à meditação. É somente assim que a ponte que liga o corpo à mente pode ser fortalecida. Nesta era de ritmo de vida em rápida mudança precisamos de um cérebro que possa adaptar-se rápida e eficientemente às necessidades apresentadas pelos desafios da vida. Se o homem quiser sobreviver biológica e psicologicamente, o nascimento de tal cérebro e o surgimento de uma nova mente são absolutamente necessários. Neste capítulo discutimos o nascimento do cérebro revitalizado devido ao influxo da energia de *Kundalini* despertada na intensidade da alegria. Esse cérebro deve ser integrado de modo que as contrapartes masculina e feminina funcionem juntas. Essa integração demanda a união de *Shiva* e de *Shakti*. Sem o influxo da *Kundalini Shakti* o cérebro funciona somente no seu aspecto masculino. Quando *Shakti* apressa-se para encontrar *Shiva*, então, durante o seu abraço apertado, ocorre a fusão do negativo e do positivo, do masculino e do feminino. Nessa fusão nasce a revitalização do cérebro e o rejuvenescimento de todo o corpo.

Porém, tal cérebro tem seus próprios problemas para estabelecer uma ordem perfeita dentro do seu terreno novo e ampliado, e para iniciar linhas de comunicação eficientes entre si e o mundo à sua volta. É para esses problemas que voltaremos nossa atenção nas páginas seguintes.

CAPÍTULO 9

ORDEM E ESPAÇO

J. Krishnamurti, um dos pensadores mais eminentes e revolucionários de nossa era, diz no seu livro *The Urgency of Change*:

> O cérebro não consegue suportar a desordem. Se houver desordem todas as suas atividades serão contraditórias, confusas, miseráveis e causarão dano a si mesmo e à sua volta. É a desordem no cérebro que causa o conflito.

Alguém pode perguntar: de onde surge a desordem no cérebro? E qual é a natureza desse conflito? Para isso a pessoa tem que compreender a constituição do cérebro humano. Já dissemos anteriormente neste livro que de um modo geral há duas divisões do cérebro – uma, o cérebro velho, e a outra, o cérebro novo. O cérebro velho é o legado de nossa existência animal, e por isso contém propensões animais com poderosos impulsos emocionais. O cérebro novo ou córtex pertence ao indivíduo humano e está crescendo com o desenvolvimento evolucionário do homem. Comparado ao cérebro velho o cérebro novo é uma criança. O relacionamento entre os dois é um dos principais problemas nas atividades cerebrais do homem. O cérebro velho é usado para agilizar as respostas. É composto de ações reflexas. Quando um animal está faminto, ele não pode esperar, ele deve providenciar para que a fome seja satisfeita imediatamente. Mas o indivíduo humano, quando tem fome, pode retardar o processo de satisfação da fome. O córtex que é especialmente humano é como um moderador. Ele deseja calcular e depois agir, enquanto que o cérebro animal não tem meios de esperar. Não consegue suportar a demora. John Pfeiffer diz no seu livro *The Human Brain*:

> O córtex é como um professor, ligeiramente voltado ao lado acadêmico. Deixado a si mesmo ele iria especular indefini-

damente. . . A maior parte do tempo o cérebro velho aborrece o córtex para que ele execute uma atividade útil. Ele diz: rápido, aqui está o meu problema, analise-o e relate-o de volta dentro de um minuto. O córtex responde: ora, esse é um problema extremamente interessante. Deve ter algumas implicações que você não explorou completamente. Eu devo averiguá-las. Isso me faz lembrar . . . Depressa, você tem um minuto, interrompe o cérebro velho.

Os problemas de relacionamento entre o cérebro velho e o córtex são imensos. É a partir desses problemas de relacionamento que surgem os conflitos e a desordem. Bruce Bliven diz:

Devemos tentar manter o cérebro velho e o novo numa proporção adequada entre si, lembrando que quando qualquer um dos dois detém toda a vantagem o ser humano não consegue cumprir o seu destino de maneira apropriada.

Às vezes em casos de desordem cerebral os cirurgiões, ao efetuar lobotomia frontal, uma operação que se torna necessária sob condições agudas, seccionam as fibras que conectam os cérebro velho e novo para pôr fim ao conflito entre os dois. Mas isso é apenas um paliativo, pois não consegue curar o problema de relacionamento entre os dois. O estado de perfeita ordem no cérebro exige um relacionamento harmonioso entre as partes humana e animal do cérebro. Um contínuo conflito entre as duas debilita muito o funcionamento do cérebro.

O nosso cérebro geralmente funciona sob condições de desordem e desarmonia. Isso fica evidente no modo como fazemos as coisas normais da vida. A desordem do cérebro mostra-se no modo desordenado como executamos nossas ações, ou no modo como enfrentamos as situações da vida. Muitas vezes dizemos que nossa memória não é perfeita. Ninguém tem memória imperfeita, a não ser que algum dano sério tenha sido causado ao cérebro. O cérebro é o repositório da memória factual assim como a mente é o repositório da memória psicológica. Os cientistas fizeram experiências inserindo dispositivos elétricos nos centros de memória do cérebro, e descobriram que o cérebro retém amplamente seu conteúdo de memória; mesmo eventos e acontecimentos de anos idos são registrados pelo cérebro e mantidos intactos. Não é a nossa memória que é imperfeita. É verdade que não lembramos certas coisas, e podemos lembrar somente após um grande esforço. O que acontece em tais casos é observação imperfeita ou audição imperfeita. Quando ouvimos durante períodos de desordem cerebral, então a nossa audição está propensa a ser imperfeita. Se assim acontecer, como podemos lembrar corretamente o que foi dito? Em tais estados de desordem o cérebro não manteve a atenção, ou em termos simples, estivemos distraídos. Com tal desatenção é óbvio que o que chega ao cérebro oriundo dos sentidos não é completamente recebido por esse. Isso se deve ao fato de que o relacionamento entre o córtex e o cérebro velho está longe de ser satisfatório. A atenção do córtex dirige-se para alhures, e, assim, muito embora vejamos, não vemos, muito embora ouçamos, não ouvimos. Sendo o cérebro um computador ele precisa ser abastecido de maneira apropriada. Mas quando ele está distraído o abastecimento torna-se impossível. Certamente que se deve ajudar o cérebro a restaurar a ordem. Isso significa encorajá-lo para estabelecer o relacionamento correto entre seus dois componentes. Como isso pode ser feito?

A pessoa deve primeiramente ver o quão desordenada ela realmente é no seu comportamento. A não ser que essa desordem seja claramente percebida será impossível ajudar o cérebro a chegar a um estado de ordem e sanidade. Geralmente nossos pertences estão numa condição de desordem. Não estamos sequer cônscios do modo como os objetos físicos de nossa vida são largados – sem contar a desordem em que se encontram as nossas idéias e pensamentos. Nossa existência física é como viver num armazém, e esse também em grande desordem. Devido a essa desordem preponderante somos incapazes de usar nosso tempo e energia de maneira ordenada. Reclamamos do tempo, mas não compreendemos que a falta de tempo deve-se em grande parte ao fato de que não sabemos como organizar o tempo a nosso dispor de maneira ordenada. Diz-se que Lorde Baden Powell, fundador do escotismo, quando chegou à Índia, estava em busca de uma pessoa apropriada que pudesse organizar o escotismo nesse país de maneira eficiente. Alguém lhe sugeriu o nome de Annie Besant, mas lhe disseram que a Dra. Besant era a pessoa mais ocupada da Índia. Ao ouvir isso Lorde Baden Powell parece ter observado: se ela é a pessoa mais ocupada então é a pessoa certa, pois a pessoa mais ocupada é a que consegue encontrar tempo para executar mais trabalho. É porque não sabemos como organizar nosso tempo que reclamamos da falta de tempo. Aqui se pode ver o cérebro num estado de desordem. Um cérebro assim é preguiçoso e indolente, satisfeito em espojar-se em condições que estão longe de ser satisfatórias. Um cérebro assim acostuma-se a qualquer coisa, mesmo à desordem mais abjeta. Foi o que aconteceu com a maioria de nós.

Descobrimos que no ambiente do nosso escritório ou de nossa casa raramente fazemos alguma mudança no padrão físico das coisas. As coisas são mantidas no mesmo lugar durante anos e anos. O cérebro e os sentidos acostumam-se a esse estado e, portanto, a pessoa não sente qualquer necessidade de mudar as coisas ou de rearrumá-las. Para induzir o cérebro a chegar a um estado de ordem, é sempre útil mudar a arrumação das coisas, da mobília, dos livros, ou de qualquer coisa, de tempos em tempos. Devido a essa rearrumação descobriremos que o mesmo aposento, com a mesma mobília, parece diferente. O ambiente recebe um frescor novo. O cérebro é induzido a interessar-se mais pelo ambiente. O cérebro sente-se vigoroso por esse simples ato de rearrumação que a pessoa fez no ambiente externo. Surge um prazer maior em se viver em um aposento recém-arrumado.

Quando há ordem, em qualquer nível, existe a possibilidade de surgir uma experiência de aumento de espaço. Aliás, a ordem cria o espaço. O cérebro congestiona-se quando não consegue funcionar ordenadamente. Uma tal congestão faz surgir a confusão. Quando a pessoa efetua uma rearrumação no ambiente externo, de tempos em tempos, o cérebro sente mais espaço na sua própria área de funcionamento. Com a criação da ordem, também o espaço é criado, resultando em movimento mais fácil. Rearrumar o próprio ambiente externo parece tão simples que a pessoa não associa isso à meditação ou à vida espiritual. Mas não compreendemos que onde não há ordem e espaço, acontece um grande desperdício de tempo, energia e recursos também. Na desordem o cérebro velho tem preponderância sobre o cérebro novo. Nessa condição o córtex torna-se subserviente às demandas e aos anseios do cérebro velho. No simples fato de a pessoa rearrumar seu ambiente externo o córtex é capaz de manter o equilíbrio contra a excitação do cérebro velho. A ordem externa criada por uma tal rearrumação ajuda o cérebro a funcionar com um grande sentido de ordem. Os cérebros velho e novo são muito delicadamente equilibrados. Mesmo a coisa mais leve perturba o equilíbrio, emperrando a maquinaria do cérebro. John Pfeiffer expressou esse fato no seu livro *The Human Brain*. Diz ele:

As espécies mais antigas que estão conosco hoje em dia representam finais de linha evolucionária. Algumas delas encontraram seus nichos, estabeleceram-se e reproduziram-se praticamente inalteradas por cerca de 400 milhões de anos. A tendência é forte mesmo entre os animais mais altamente avançados. Entreguemos a um chimpanzé, a alguns chimpanzés, uma extensão pacífica de selva e muitas bananas, e o grupo viverá feliz pelo resto de sua vida. Entreguemos ao homem um ambiente correspondentemente idílico, digamos o Jardim do Éden, e ele vai arrumar confusão. Arrumar confusão é o que mais sabemos fazer como espécie. De todos os animais, somos os únicos com o cérebro suficientemente complexo para nos manter em estado de constante desajuste.

Desnecessário dizer que a causa desse desajuste é o conflito entre o córtex e o cérebro velho. Esse conflito é evidenciado mais claramente no fenômeno do sonho. O sonho é um fenômeno muito complexo, pois há inúmeras causas que induzem aos sonhos. Durante uma noite de sono diz-se que sonhamos pelo menos três vezes com alguns intervalos. Descobriu-se que durante o sonho, muito embora a pessoa esteja adormecida, seus globos oculares movem-se como se estivessem vendo alguma coisa. O movimento dos globos oculares denota que, no sonho, o cérebro está ativo. Pela natureza do movimento dos globos oculares está sendo medida a intensidade ou não do sonho. Como foi dito acima, os sonhos são causados por vários fatores. Há sonhos que são causados por alguma constrição física ou pela mente desejosa de satisfazer desejos não realizados, ou o sonho pode ser uma experiência real fora do corpo. Existe uma vasta literatura que lida com os sonhos e sua interpretação. Verdadeiramente falando os sonhos não podem ser interpretados por uma outra pessoa, já que ela não sabe todos os fatos envolvidos no sonho. Mas o sonho não pode ser interpretado sequer pela própria pessoa. O sonhador e o sonho não são diferentes. Estão relacionados como o observador e aquilo que é observado. Aquilo que é observado não tem existência independente do observador. De modo semelhante o sonho não tem existência independente do sonhador. Como pode o sonhador interpretar seu próprio sonho? Se ele o fizesse seria uma interpretação colorida ou preconceituosa. O sonho não é um problema, o sonhador é que constitui o problema. E sem compreender o sonhador, qualquer interpretação do sonho seria sem sentido.

Afora as categorias de sonhos vistas acima, a principal categoria é aquela que é causada pela condição do cérebro. Se o cérebro estiver ativo durante os momentos de sonho, como é evidenciado pelo movimento dos globos oculares, então certamente que ele está totalmente envolvido no sonho. De um modo geral, é a situação predominante no cérebro que determina a natureza do sono. O sonho indica o desejo de uma parte do cérebro comunicar-se com a outra. Para tal comunicação, o sonho é o melhor caminho. Essa comunicação acontece durante o sono noturno, já que durante as horas de vigília tal comunicação entre o córtex e o cérebro velho é quase impossível. Os conflitos entre os cérebros novo e velho encontram alívio durante a comunicação no sonho. Quando despertamos pela manhã não temos uma idéia clara a respeito da natureza do sonho que tivemos. Todos os três ou mais sonhos sobrepõem-se, e temos um quadro confuso quando acordamos. Às vezes acordamos no meio do sonho. Se durante as horas de vigília pudesse haver comunicação sensata e saudável entre o cérebro velho e o novo, então estaríamos livres dos distúrbios dos sonhos durante o sono noturno. A desordem predominante no cérebro devido ao conflito projeta-se no sonho. Se o cérebro pudesse ser trazido a uma condição de ordem poderíamos desfrutar de um sono profundo. Como trazer essa ordem de modo que possamos estar livres dos distúrbios do sonho? Ou colocando de maneira diferente, como restabelecer a ordem no cérebro por meio da interrupção dos distúrbios dos sonhos? J. Krishnamurti diz no seu livro *The Urgency of Change*:

> Isso pode ser feito quando em vigília durante o dia, e antes de dormir, colocando-se em ordem tudo o que foi feito durante o dia. Dessa maneira o cérebro não vai dormir em desordem. Isso

não significa que o cérebro hipnotize-se em um estado de ordem, quando o que há realmente nele é desordem. Deve haver ordem durante o dia, e o resumo dessa ordem antes de dormir é o final harmonioso do dia. É como um homem que faz a escrituração de livros e toda noite os atualiza de modo que possa começar novamente no dia seguinte do ponto onde parou.

Krishnamurti sugere o método de revisão antes de se ir dormir. Não é a revisão em si mesma que irá resolver todos os problemas, mas é um instrumento adicional que pode ser empregado, de modo que durante as horas de sono o cérebro desfrute de ordem e suas energias não se dissipem. Primeiramente, essa revisão será de natureza superficial, significando que será uma revisão de incidentes e eventos pelos quais a pessoa passou durante o dia. O propósito de tal revisão é arrumar os eventos do dia com esmero, um a um, de modo que não se sobreponham, mantendo, porém, a seqüência própria. É como fechar a contabilidade do dia sem deixar nada por fazer. O aspecto superficial da revisão é passar em revista os eventos e acontecimentos do dia. Quando isso é feito, a pessoa pode rever suas reações e respostas àqueles eventos e acontecimentos. Mas nesse processo de revisão duas coisas têm de ser observadas. Primeira, a revisão deve ser regressiva, e não progressiva. Deve-se recuar a partir da noite até a manhã, e não a partir da manhã até a noite. A segunda coisa a ser notada é que enquanto a revisão estiver em andamento não deve haver julgamento do que aconteceu e de como se reagiu, nenhum ato de arrependimento e nenhuma resolução para o dia seguinte, dizendo-se que se vai evitar determinadas coisas e que se irá buscar outras coisas. Deve ser uma revisão pura sem qualquer julgamento ou avaliação. Por causa dessa revisão o cérebro será capaz de experienciar um senso de ordem e, assim, enquanto dormimos, ele não estará lutando para estabelecer a ordem no seu campo. Essa luta do cérebro durante as nossas horas de sono é que produz distúrbios e às vezes pesadelos. Não é preciso dizer que nessas circunstâncias seremos capazes de dormir profundamente, e que o cérebro também irá descansar. Estamos propensos a acordar no dia seguinte renovados, com o cérebro funcionando sob condições de perfeita ordem e, portanto, de maneira eficiente. Como dissemos, essa revisão deve ser sem qualquer senso de lástima ou arrependimento, também sem qualquer resolução de comportar-se melhor no dia seguinte. Uma revisão progressiva sempre coloca o cérebro em atividade, mas uma revisão regressiva, como sugerido acima, manterá o cérebro comparativamente quieto. É somente em tal quietude que a ordem pode ser facilmente estabelecida. E, assim, prosseguindo-se com a rearrumação do nosso ambiente externo, que consiste de coisas e objetos, se a pessoa pudesse experimentar a revisão dos eventos e também de suas próprias reações, ela seria capaz de ajudar o cérebro a chegar a um estado de ordem, necessário para o seu funcionamento eficiente.

A maioria de nós tem memórias que são duvidosas e, portanto, indignas de confiança. Estamos nos referindo à memória factual e não à memória psicológica. O cérebro é o repositório da memória factual. Mas como foi dito acima, quando olhamos para trás descobrimos que a maior parte dos nossos fatos não é confiável. Com relação aos temas de grande envolvimento emocional os fatos são encobertos com superimposições psicológicas. Mas isso não é tudo. As memórias relativas a assuntos não psicológicos são também muito duvidosas, porque nossas percepções dessas coisas eram descuidadas. Não adentraremos a questão levantada pela memória psicológica já que isso está fora da esfera do cérebro. Mas para vivermos de maneira sadia e sensata a nossa memória factual deve ser firme e perfeitamente confiável. Essa confusão na memória factual é uma das principais causas que levam à desordem no funcionamento do cérebro. O cérebro em perfeita ordem é bastante acurado na memória dos fatos.

Uma das maneiras mais eficazes de restaurar a ordem no funcionamento do cérebro é a reestruturação da memória. Por reestruturação quero dizer colocar a memória dos fatos em perfeita ordem seqüencial. É a seqüência dos fatos que é duvidosa na maioria de nós. Pode-se fazer um apanhado de eventos e acontecimentos variados da vida e começar a reestruturar a seqüência de memória em relação a eles. Quando é feita uma tentativa de reestruturação, a pessoa irá descobrir que ela começa a se lembrar de um grande número de pequenos detalhes. Deve-se começar tal reestruturação com relação a eventos e acontecimentos que deixaram marcas em nossa memória. Quando isso é feito, a pessoa pode voltar sua atenção para os eventos e acontecimentos que foram casuais e de pequena importância. Com relação à reestruturação da memória pode-se pegar os mesmos eventos, ou grupo de eventos, repetidamente, de modo que nenhum detalhe seja perdido, e todos os fatos sejam postos em perfeita ordem seqüencial. Isso será um grande alívio para o cérebro, pois ele será capaz de funcionar com um grande senso de ordem e harmonia.

Na reestruturação da memória estamos preocupados com a ordem seqüencial de vários acontecimentos associativos nos quais é provável que eventos singulares possam permanecer fora de foco. Sendo assim, alguns aspectos da memória podem permanecer confusos e enevoados. Isso evidentemente contribui para o estado de desordem no cérebro. E assim, juntamente com a reestruturação da memória seqüencial deveria haver também a lembrança da memória singular – isto é, a memória dos episódios simples em meio à associação seqüencial de eventos. Geralmente, enquanto somos capazes de lembrar um grande número de acontecimentos associados, somos incapazes de lembrar de imediato um detalhe simples dos mesmos. É fácil lembrar as coisas no processo de associação, mas uma lembrança súbita de algum detalhe é extremamente difícil. Mas um cérebro que esteja em perfeita ordem não deveria encontrar dificuldade em lembrar um fato particular a partir de um grande número de outros fatos. Se a pessoa experimentar lembrar-se de fatos singulares ela descobrirá que, deste modo, o cérebro é consideravelmente auxiliado no seu trabalho de restabelecer a ordem dentro do seu campo de funcionamento. Não importa quão pequeno seja um evento que constitui a memória singular. Quanto maior a lembrança de detalhes muito pequenos maior é a ordem e eficiência restaurada ao cérebro. Não é necessário assinalar que tanto a reestruturação quanto a lembrança servirão como treinamento da memória que serão úteis com referência aos desafios e impactos da vida. Um cérebro alerta deve ser exato na esfera da memória factual, e essa mesma exatidão manterá a intrusão afastada da memória psicológica.

Os quatro artifícios mencionados neste capítulo – a saber, rearrumação do nosso ambiente externo, revisão dos acontecimentos do dia sem julgamento ou resolução, reestruturação da memória seqüencial de fatos, e a lembrança de detalhes singulares em meio a um grupo de eventos – irão ajudar muito o cérebro a funcionar em ordem perfeita.

Esses artifícios irão fortalecer a capacidade do córtex de modo que ele não seja oprimido pelas incursões do cérebro velho. Na luta entre os cérebro velho e novo, é esse último que está em desvantagem atualmente devido à sua infância comparativa. Com o fortalecimento do córtex por meio dos artifícios aqui sugeridos, o equilíbrio será restabelecido entre os cérebro velho e novo. Liberado dos conflitos, o cérebro será capaz de funcionar com grande eficiência.

Ainda que a restauração da ordem dentro do campo de funcionamento do cérebro seja essencial e, particularmente, tendo como pano de fundo o influxo da energia de *Kundalini*, devemos lembrar que o cérebro deve ser capaz de se comunicar com o mundo externo, e também com grande eficiência. Se sua capacidade de se comunicar não aumentar, a intensificação do potencial cerebral terá muito pouco valor. Os contatos do cérebro com o mundo externo devem ser ilimitados, e isso deve ser tanto com respeito à sua receptividade quanto à sua capacidade de comunicação. E, assim, voltaremos nossa atenção para o problema da comunicação com referência ao cérebro novo no próximo capítulo.

CAPÍTULO 10

PERTO E AINDA ASSIM DISTANTE

É um estranho paradoxo de nossa era que embora tenhamos desenvolvido a mais sofisticada mídia de comunicação de massa, mal haja qualquer comunicação entre os indivíduos. Nossos instrumentos de comunicação nesta civilização são excelentes para propósitos sociais e coletivos. Mas, de modo geral, quando dois indivíduos se encontram, muito pouco há para comunicar e, mais do que isso, não existem meios efetivos para tal comunicação. Fisicamente próximos, mas psicologicamente distanciados – esse é o fenômeno peculiar que vemos hoje em toda parte. Em termos de comunicação existem duas questões principais: O que comunicar? E como comunicar? A primeira questão tem relevância para a mente, mas a segunda tem a ver com o cérebro. Nesta época de tremendo desenvolvimento em quase todas as esferas da vida, é óbvio que a mente tem muito que exprimir. Mas o cérebro humano não possui uma técnica adequada para comunicar o que a mente exprime. Obviamente que o conteúdo de comunicação pertence à mente, mas a técnica de comunicação, no nível físico, certamente que é território do cérebro.

É nessa esfera de comunicação que mais se compreende a impropriedade da capacidade de funcionamento do nosso cérebro do modo como está constituído hoje em dia. O seu baixo potencial é um grande obstáculo à comunicação que é expressa pela mente no nível físico. No nível individual descobrimos que as pessoas estão se afastando cada vez mais por falta de comunicação. É verdade que a comunicação só pode ser eficaz no pano de fundo da comunhão. E o homem moderno tornou-se quase um estranho à experiência da comunhão. O tema da comunhão pertence em grande parte à mente. E, portanto, a questão da comunicação nos traz ao próprio limiar da mente. Dissemos que a comunhão é em grande parte território da mente. Dizemos, em grande parte, porque também existem campos de comunhão no nível cerebral. Discutimos isso nos capítulos anteriores em termos de percepção com atenção, mas sem identificação. É nesse processo que chegamos à comunhão, onde os

A Ciência da Meditação - 107

sentidos e o cérebro experienciam eventos e acontecimentos no nível físico, com total atenção, e sem a interferência da mente, estejamos ouvindo música, testemunhando a grandeza da natureza, ou realizando uma ação qualquer ou alguma outra coisa que esteja dentro do alcance dos cinco sentidos. Essa experiência de comunhão aumenta o potencial cerebral de modo que ele é capaz de captar um número cada vez maior de mensagens e instruções da mente. Mas enquanto uma coisa é captar essas mensagens, algo inteiramente diferente é colocá-las em efetivos canais de comunicação. O cérebro deve ser poderoso e estar bastante alerta para receber as instruções da mente, e isso é o que se busca fazer pela intensificação do potencial cerebral, um tema que discutimos detalhadamente em capítulos anteriores. O potencial cerebral aumenta como resultado da comunhão no nível dos sentidos e do cérebro. Mas mesmo quando ocorre, permanece a questão de se estabelecer elos de comunicação com o mundo exterior, no nível físico. E sem isso, o despertar da *Kundalini* e a intensificação do potencial cerebral perdem todo seu significado. O cérebro, funcionando como uma ponte, deve não apenas receber a carga aumentada oriunda da mente, devendo também transportá-la para a outra extremidade. Se não houver passagem clara deste tráfego através da ponte, é possível que haja congestionamento e confusão na própria ponte. Isso irá prejudicar o funcionamento do cérebro de uma maneira muito significativa. E, assim, o problema da comunicação é tão importante quanto os três principais problemas do cérebro que até aqui estivemos considerando, a saber, relaxamento, intensificação e regularidade. Todos esses devem ser considerados visando uma comunicação eficaz.

Não é difícil compreender que a nossa comunicação está longe de ser satisfatória. Podemos ler muito, mas somos incapazes de comunicar o que lemos aos outros de uma maneira inteligível. Podemos ouvir palestras e conferências, mas não conseguimos transmitir aos outros aquilo que ouvimos de maneira eficaz. Podemos ouvir música e gostar muito do que ouvimos, e, todavia, somos incapazes de transmitir aquela alegria aos outros de maneira que também os torne participantes de nossa alegria, mais uma vez de maneira inteligente. A comunicação eficaz a qualquer nível, exige uma ligação com o nível do outro. Podemos voar a grandes altitudes, mas somos incapazes de trazer a experiência daquele prazer àqueles que não conseguem elevar-se às nossas altitudes. Podemos ser grandes eruditos, mas somos incapazes de falar na linguagem dos estudantes. Grandes profetas e pensadores sempre falaram das coisas mais elevadas de maneira simples. Os santos e os místicos de todas as eras e de todas as nações transmitiram suas mais nobres experiências numa linguagem que até mesmo os mais iletrados foram capazes de entender. Geralmente nos comunicamos com os outros em uma linguagem pedante onde existe mais um *show* de palavras do que uma transmissão simples e inteligente do que se alega ter entendido. Mas uma comunicação tão simples e inteligente depende da experiência de comunhão que a pessoa teve e, também, de canais claros e eficazes de comunicação que ela tenha desenvolvido.

De modo geral, quando dois indivíduos se encontram eles conversam sobre trabalho. A nossa comunicação com os outros é algo rotineiro. Somos incapazes de estabelecer uma relação com a outra pessoa. E é essa a principal causa das relações humanas distorcidas que vemos em toda parte. Quando o cérebro é muito energizado com o influxo da energia de *Kundalini* ele precisa de meios de comunicação muito poderosos. E se esses meios não estiverem disponíveis, então o cérebro sente-se ainda mais frustrado. E assim, no contexto do que discutimos no curso de nossa investigação compreensiva sobre o tema da meditação, esta questão da comunicação assume uma grande importância. A comunhão sozinha não irá resolver nosso problema. Houve místicos e santos que chegaram a experiências profundas e intensas de comunhão, mas na ausência de meios eficazes de comunicação sentiram-se completamente frustrados, tanto assim que nessa frustração eles se comportaram de maneira anormal.

Mas a questão é: como construir canais de comunicação eficazes para uso do cérebro, não apenas para expressar suas próprias experiência de comunhão, mas também para transferir instruções e experiências da mente? O homem é um animal social, o que significa que é um animal que se comunica com os outros membros de sua espécie. Mas os outros animais e os pássaros também se comunicam entre si. Embora isso seja verdade, a sua faixa de comunicação é muito pequena. Eles usam sons e gestos para exprimir suas experiências. Somente o homem desenvolveu um intrincado sistema de linguagem para comunicação de

A Ciência da Meditação - **109**

suas idéias, sentimentos e experiências aos outros. Mesmo a própria linguagem evoluiu de meros sons e palavras para algo que é surpreendente para exprimir idéias e sentimentos sutis e intangíveis aos outros membros da raça humana. O homem também emprega gestos e símbolos onde até mesmo as palavras falham – mas isso porque suas experiências são de tal natureza que nenhuma linguagem consegue exprimi-las de modo adequado. Aliás, até mesmo as palavras que formam a linguagem são símbolos, e não existe fim para a evolução de um número cada vez maior de símbolos-palavras. A comunicação torna-se um problema para o homem de modo como não parece acontecer entre pássaros e animais. Portanto, ele tem de continuar aperfeiçoando seus meios de comunicação, não apenas em uma esfera generalizada e coletiva, mas entre indivíduos. Não é questão de simplesmente aperfeiçoar as técnicas mecânicas de comunicação, o que é necessário é o aperfeiçoamento da comunicação entre os seres humanos, não apenas entre grupos de indivíduos humanos. Que esforços conscientes podem ser feitos para aperfeiçoar os meios de comunicação de modo a unir os seres humanos em laços de maior compreensão?

Infelizmente as pessoas jamais aplicaram suas mentes a esse problema de maneira séria. Nossa comunicação com os outros é escrita, falada, ou por meio de gestos que constituem uma linguagem simbólica a ser usada onde a linguagem das palavras parece falhar. Até mesmo a linguagem das palavras tem de ser suplementada com gestos para dar a ênfase necessária a um ponto particular que desejamos transmitir. O cérebro humano tem, entre outros centros, o centro da fala que motiva todos os atos de articulação. Em qualquer processo de comunicação duas coisas são necessárias: primeira, o impulso para comunicar e, segunda, a capacidade para articular. O impulso para comunicar está fadado a surgir com a intensificação do potencial cerebral, mas se a capacidade da articulação correta não estiver lá, os poderes agregados ao cérebro resultarão em frustração. É interessante notar que no *Taittriya Upanishad*, o instrutor inicia o tema da educação com a correta articulação. Essa articulação pode ser em palavras ou gestos. É o método de expressão clara e lúcida. Essa expressão pode ser em termos de música ou dança, em termos de pintura ou poesia, ou em termos de fala ou escrita. A questão é: como conscientemente cultivar a técnica de articulação ou expressão que seja clara e lúcida? Exemplos tem havido, quando a pessoa foi inspirada por algo, mas por não possuir a técnica da expressão correta, a energia liberada em momentos de inspiração desperdiça-se em coisas que são desagradáveis e impróprias. Uma vez que, nos capítulos anteriores, enfatizamos a necessidade do despertar da *Kundalini* para o suprimento de maior energia ao cérebro, a questão da comunicação, da articulação correta, assumiu importância especial. A comunicação correta suscita a Arte da Sintonia e a Ciência da Articulação. Usamos aqui a palavra "articulação" no seu sentido mais amplo, não simplesmente no sentido de produção de voz e de pronúncia. Dissemos bem no início deste livro que agir corretamente é fazer a coisa correta, no momento correto, e da maneira correta. Essa é a descrição mais apropriada da verdadeira comunicação. Ela contém tanto a sintonia quanto a articulação. O cérebro que esteja alerta e funcionando a pleno potencial está apto a adaptar-se aos impactos exteriores de uma maneira tal que o seu modo de ação revela a coisa correta no momento correto e da maneira correta.

Mas como treinar ou induzir o cérebro a funcionar através de tais canais de comunicação, de modo a resultar na ação correta? Em comunicação dessa natureza o cérebro deve aproximar seus modos de expressão de tal maneira que o comunicador seja capaz de alcançar a pessoa com quem se busca estabelecer comunicação, e isso deve ocorrer também no nível daquela pessoa. Ser capaz de encontrar-se no mesmo nível, ao mesmo tempo e com a mesma intensidade, certamente que é o segredo da comunicação correta. Pouco importa o meio de expressão que a pessoa use. Normalmente é por meio da palavra falada ou escrita que a pessoa se comunica com outra. A pessoa pode ser um orador público, mas usa o poder da fala na conversação formal ou informal. Ela pode não escrever livros, mas faz uso da palavra escrita em suas cartas, pessoais ou não. Mas a maioria de nós é incapaz de usar o poder da palavra falada e escrita com eficácia de modo a desenvolver uma comunicação significativa. As nossas palavras escritas e faladas são destituídas tanto de força quanto de clareza. Elas são muito vagas e débeis para transmitir qualquer convicção à outra pessoa. A nossa palavra falada e escrita deve ter tanto clareza quanto intensidade. Às vezes temos muita coisa a transmitir e, contudo, somos incapazes de transmitir com eficá-

A Ciência da Meditação - **111**

cia. Quando o cérebro estiver sobrecarregado de energia nova no despertar de sua potencialidade aumentada, ele será capaz de aprender muito mais do que é capaz atualmente. Mas dizem, corretamente, que aprendemos melhor quando ensinamos aos outros aquilo que aprendemos. A técnica de ensinar aos outros é a arte e a ciência da comunicação. Já que discutimos, em grande detalhe, como o cérebro humano pode estabelecer centros de aprendizagem cada vez mais novos, devemos agora ver como esse aprendizado pode ser aprofundado pelo aperfeiçoamento de nossos canais de comunicação, de modo que possamos ensinar aos outros enquanto nós mesmos continuamos com nosso aprendizado. O cérebro que parou de aprender não pode ensinar aos outros, isto é, não pode comunicar-se de maneira eficaz com os outros. Ensinar enquanto se aprende é o melhor princípio que se pode adotar se se quer estabelecer canais eficazes de comunicação com o mundo ao redor.

Duas coisas são essenciais em todas as questões de comunicação. Primeira, a capacidade de reter o que se experienciou e, segunda, a capacidade de passar as próprias experiências aos outros da maneira mais eficaz. Quando a pessoa é capaz de experienciar algo sem a intervenção do pensamento, a questão da retenção não representa um problema. Se a experiência foi casual, a retenção é quase impossível porque mal existe qualquer coisa a ser retida! Os experimentos sobre os quais estivemos falando nos capítulos anteriores com referência ao prazer sem indulgência nos indicam claramente o modo de retenção. Nossa investigação atual é: como comunicar aos outros as experiências retidas por nós? Seria melhor para a pessoa primeiramente ver, ouvir ou experienciar qualquer coisa com a totalidade da percepção e atenção cerebral. Então, afastando-se daquela experiência a pessoa pode repetir o que experienciou de modo audível ou inaudível. Em outras palavras, ela pode verbalizar para si mesma o que viu, ouviu, leu ou experienciou. Essa é uma questão de reprodução fiel para si próprio daquilo que se pode ter experienciado até onde for possível na linguagem que vimos, ouvimos, lemos ou experienciamos. Essa é a Técnica de Reprodução do que possamos ter ouvido, lido, ou escutado. O que quer que tenhamos experienciado deve ser repetido ou imitado, de modo audível ou inaudível, até onde seja possível na linguagem ou na maneira na qual experienciamos. Essa deve ser uma réplica tão fiel do original quanto possível. Isso irá gerar em nós um senso de confiança em termos de expressão ou comunicação.

Quando a pessoa é capaz de fazer isso, ela pode seguir adiante, o que significa reproduzir o que se experienciou na sua própria linguagem e de sua própria maneira. Desse modo, a pessoa deve evitar completamente a linguagem e expressão do autor cujo livro pode ter lido, ou os maneirismos de produção de voz que ela possa ter escutado enquanto ouvia música. Aqui também existe um processo de verbalização, mas é na linguagem e maneirismo da própria pessoa. Enquanto o conteúdo não for original o modo de expressão é o da própria pessoa. Nesse experimento a pessoa tenta ensinar aos outros aquilo que aprendeu. Isso pode ser feito de diversas maneiras. A pessoa pode ficar de pé ante uma audiência imaginária e começar a falar sobre algum tema simples ou difícil, mas usando sua própria linguagem. Essa será uma articulação inaudível, pois não se pode começar a falar em voz alta para uma audiência que não existe! Essa articulação inaudível sob a forma de palestra ante uma audiência imaginária irá incrementar muito o poder de comunicação da pessoa. A mesma coisa pode ser feita em relação à música ou qualquer outra experiência que a pessoa tenha tido. Essa é a Técnica de Adaptação.

A técnica anterior significava repetir o que se experienciou do modo mais fiel possível. Mas nesse segundo experimento usamos o método da adaptação. Pode haver uma grande variedade nos modos de expressão ao longo da linha de adaptação. Mas ambas as técnicas usam o poder da palavra falada, audível ou inaudível – aliás, na maioria das vezes inaudível. Tal verbalização inaudível para reproduzir alguma coisa que se experienciou ou para adaptá-la em termos dos próprios modos de expressão libera uma grande quantidade de poder de comunicação eficaz. Quanto maior a variedade de adaptação, maior é a riqueza nos modos de expressão da pessoa. Aquilo que foi feito de modo inaudível pode facilmente ser transferido para o nível audível.

A palavra falada, por mais eficaz que possa ser, tende a ser vaga e prolixa. É necessário que a pessoa seja clara e precisa em suas expressões. Desse modo, a palavra escrita é o meio mais apropriado. Quando escreve, a pessoa tem de ser clara se quiser que a sua escrita tenha algum valor. E o que discutimos com referência à palavra falada aplica-se também à palavra escrita. Isso significa que a pessoa deve empregar

A Ciência da Meditação - 113

as duas técnicas: reproduzir o que experienciou e adaptar para sua própria linguagem aquilo que viu, ouviu, leu ou de outro modo experienciou. Essas duas práticas, com referência à palavra escrita, irão melhorar em muito nossos poderes de expressão e comunicação.

Enquanto se reproduz o que se conhece ou experienciou e enquanto se adapta o que se conhece ou experienciou para sua própria linguagem e modos de expressão, deve-se compreender que essas coisas não esgotam todos os aspectos da comunicação. Até mesmo o fato de se passar da linguagem falada para a escrita deixa intocados certos aspectos da comunicação. É necessário que a pessoa comunique algo próprio, e não simplesmente o que os outros conheciam ou experienciaram. Mesmo na adaptação a pessoa não está preocupada com sua própria experiência. E, assim, enquanto práticas de reprodução e adaptação forem necessárias, a pessoa deve buscar algo original, independente ou individual. Ela pode começar com a palavra falada de modo que, de maneira audível ou inaudível, se expresse de uma maneira algo original. Isso faz surgir um fator criativo no modo de comunicação da pessoa. Quer o assunto seja original ou não, o tratamento que se lhe dispensa deve possuir algo de individualidade. Na comunicação estamos especialmente preocupados com o tratamento de um tema. Seria interessante fazer a própria comunicação sobre um tema particular, falado e escrito, e depois comparar o tratamento que demos ao assunto com o dado por outros que também trataram do mesmo assunto ou assuntos. Discutimos aqui o tema da comunicação somente em termos da palavra escrita e falada. A pessoa pode também gradualmente usar outros meios de expressão, mas em termos da tripla técnica de reprodução, adaptação e individuação acima exposta.

Embora a pessoa possa desenvolver e aperfeiçoar diferentes técnicas de comunicação, e é necessário fazê-lo – em última análise, aquilo que é comunicado deve ter naturalidade e espontaneidade. Se isso não acontece, então o que flui através dos canais de comunicação cuidadosamente planejados não será novo e nem vivo. É função do cérebro suprir canais perfeitos de comunicação no nível físico, mas a passagem do cérebro que conecta o corpo à mente deve estar livre de toda desordem. Se houver desordem no funcionamento do cérebro devido a conflitos entre os cérebros velho e novo, o que emerge da mente será viciado e, assim, a própria comunicação será imperfeita. O segredo da comunicação jaz não apenas na técnica de expressão, mas em se manter os canais de comunicação livres de toda obstrução. J. Krishnamurti diz no seu livro *The Urgency of Change*:

> Quando a expressão assume toda a importância porque é agradável, satisfatória ou lucrativa, então há uma ruptura entre expressão e sentimento. Quando o sentimento *é* a expressão, não surge conflito e, não havendo contradição, não há conflito. Mas quando intervêm o lucro e o pensamento, o sentimento é perdido devido à ganância. A paixão do sentimento é inteiramente diferente da paixão da expressão, e a maioria das pessoas fica presa na paixão da expressão.

Se houver conflito entre sentimento e expressão, aquilo que é expresso não conseguirá tocar a pessoa a quem a comunicação é dirigida. Ambos são necessários, sentimento e expressão. Vimos neste capítulo como se pode refinar e aperfeiçoar os métodos de expressão. Esse é um processo mediante o qual os canais de comunicação estão tornando-se cada vez mais perfeitos. Mas o que dizer das águas que fluem através desses canais? O cérebro recebe o que a mente envia e, por meio de seus aperfeiçoados canais de comunicação, auxilia a comunicação oriunda da mente a seguir até àqueles a quem se destina. Mas o cérebro não tem controle sobre o que é recebido da mente. E, assim, enquanto a técnica de expressão está dentro dos limites do cérebro, o sentimento não está. Por isso devemos nos voltar para os problemas da mente em nossa investigação dos aspectos profundos da meditação. A meditação exige não apenas o nascimento de um cérebro revitalizado, requer também a morte da mente velha e o surgimento do TERCEIRO CAMINHO. Tendo tratado da questão do nascimento de um cérebro revitalizado, devemos voltar-nos para a questão da morte da mente velha e, assim, chegar ao surgimento de uma mente nova. Quando houver uma clara linha de comunicação entre a mente nova e o cérebro, não haverá conflito entre sentimento e expressão. Dessa forma a paixão do sentimento e a paixão da expressão irão coexistir de modo que não haja um abismo entre experiência e expressão, entre comunhão e comunicação. Quando o cérebro

A Ciência da Meditação - 115

suprir canais perfeitos de comunicação e a mente nova enviar as puras e refrescantes águas da vida, a pessoa irá experienciar as alegrias de um viver criativo.

CAPÍTULO 11

PENSANDO SEM PENSAMENTO

PATAÑJALI na Terceira Seção do seu *Yoga Sutras* diz que *Dharana-Dhyana-Samadhi* formam juntos a disciplina espiritual. Ele nos diz que percepção-atenção-sintonia não podem ser separadas uma das outras. Aliás, todos os passos propostos por ele nos *Yoga Sutras* têm de ser praticados de modo simultâneo, e não sucessivamente. O *Yoga* é um processo contínuo onde de *Yama-Niyama* segue-se adiante até *Samadhi*, e mais uma vez volta-se à prática de *Yama-Niyama*. É desse modo que se chega a um aprofundamento da vida espiritual. Estivemos discutindo nestas páginas a tríplice transformação do cérebro, do mecanismo do hábito e da mente. Esse processo de transformação tem também que ser simultâneo e não um após outro. O cérebro, o mecanismo do hábito e a mente agem e reagem entre si. Não podem ser divididos em compartimentos estanques. O aumento do potencial cerebral é tanto parte da meditação quanto da descoberta do Terceiro Caminho.

Muitos acreditam que primeiramente devemos construir os canais de comunicação e depois chegar à experiência da comunhão; enquanto há outros que falam de se chegar à experiência da comunhão e depois se voltar à construção dos canais de comunicação. Ambas as abordagens parecem perder de vista a totalidade da vida espiritual. Aqui encontramos defeitos inerentes a todas as abordagens exclusivas quer do Ocultismo quer do Misticismo. No Ocultismo a pessoa está preocupada com a construção de diferentes canais de comunicação. Mas se não houver comunhão, os canais devem permanecer secos. De modo semelhante no Misticismo fala-se de comunhão, da experiência não-dual. Mas se não houver canais de comunicação disponíveis então as experiências místicas devem malbaratar-se, como tem acontecido, de maneiras que são anormais. E, assim, comunhão e comunicação devem andar de mãos dadas. Dizem que a experiência da comunhão irá descobrir seus próprios modos de comunicação. É verdade que o impulso para comunicar irá surgir como resultado das experiências místicas, mas se não houver instrumentos de comunicação disponíveis então o impulso morrerá. A vida espiritual demanda um ritmo de comunhão e de comunicação. Ambos os processos devem seguir simultaneamente e não um após o outro.

Na tríplice transformação sobre a qual estivemos discutindo, todos os três fatores têm de ser considerados juntos, a revitalização do cérebro, a modificação do mecanismo do hábito e a transformação da mente. Se o cérebro for passivo e trabalhar com baixo potencial, todo o movimento da meditação irá afundar no lodo. Começamos nossa discussão com a revitalização do cérebro porque o cérebro é o mais próximo ponto de partida para a jornada espiritual. Mas isso não significa que a pessoa deva primeiramente resolver os problemas do cérebro para depois continuar. O aumento do potencial cerebral é um fenômeno contínuo assim como manter o cérebro alerta e ativo é um processo periódico. A tríplice transformação tem de ocorrer conjuntamente porque os três fatores envolvidos não podem ser separados. Eles são um todo vivo que não pode ser fragmentado. Para efeito de nossa discussão estamos considerando-os separadamente, pois somente assim a questão pode ser compreendida intelectualmente e de uma maneira clara.

Já discutimos nos capítulos anteriores o fato de que uma das funções do cérebro é receber intimações da mente e organizar os padrões de comportamento de acordo com o nível físico. Alguém pode perguntar: qual é a natureza da mente que envia mensagens e instruções ao cérebro a partir das quais surgem as ações físicas? Geralmente é a mente que, saturada no mecanismo do hábito, envia intimações ao cérebro. E, assim, os padrões de comportamento e modos de ação refletem a mente orientada pelo hábito. É a mente mecânica, ou habitual, que instrui o cérebro com relação aos padrões de comportamento no nível físico. Em outras palavras, refletidos em nossas ações existem os impulsos da mente mecânica, ou habitual. Ora, o mecanismo da mente é orientado pelo passado, mas o cérebro humano tem que dar início a ações que tenham relevância no presente. Não é de admirar que os nossos padrões de comportamento estejam em descompasso com as exigências do presente. Os relatórios dos sentidos que chegam ao cérebro são do presente, e as instruções que vêm da mente habitual são do passado. E assim, agimos normalmente no presente em termos do passado. Nossas respostas aos desafios da vida que estão sempre no presente estão propensas a serem inadequadas, pois como pode o passado enfrentar as necessidades do presente? J. Krishnamurti no seu livro *The Impossible Question* diz:

> O pensamento é eternamente condicionado, porque ele é a resposta do passado como memória. O pensamento é sempre mecânico; adapta-se facilmente a um padrão, a uma rotina; embora o pensamento tenha certa liberdade limitada no seu campo, tudo que faz é mecânico, é o resultado do conhecimento acumulado dos séculos. O pensamento é a resposta do passado.

E, assim, o pensamento move-se dentro das trilhas do passado. Essas trilhas são os hábitos da mente. Frente às várias situações da vida no nível físico, geralmente reagimos, jamais ou raramente agimos. Ora, a reação é uma conseqüência do hábito. O mecanismo do hábito que a mente possui funciona em termos de reações. Nossas idéias, crenças, mesmo ideais, estão, de modo geral, presos ao mecanismo do hábito. De modo semelhante as nossas ações no nível físico são grandemente orientadas pelo hábito. E, assim, tanto no nível psicológico quanto no nível físico estamos estacionados no passado, e de lá organizamos nossos movimentos para enfrentar os desafios do presente. Quando uma resposta a um desafio é inadequada, então surge um problema. Não é de admirar que as nossas vidas estejam cercadas de inúmeros problemas.

Seria interessante descobrir o modo como a mente passa ao cérebro suas tendências ao hábito. É verdade que o cérebro é a ponte entre o corpo e a mente. Mas qual é a forma e a natureza da carga que tem que passar por sobre a ponte? Como os hábitos da mente são passados ao cérebro para serem traduzidos em ações corpóreas? O cérebro envia à mente sensações, processadas em percepções. Essas sensações são obviamente do presente. Mas para as percepções transmitidas à mente, a mente manda de volta ao cérebro conceitos que estão baseados na memória. A investigação do cérebro é baseada no presente, a resposta da mente é em termos de conceitos que surgem do passado. O cérebro é ativado por impulsos elétricos. Mas como o cérebro gera esses impulsos elétricos sem os quais não pode organizar ações e padrões de comportamento? Devemos lembrar que a mente fala a linguagem das ima-

A Ciência da Meditação - **119**

gens, e não das palavras. E, assim, é por meio das imagens que a mente transmite suas instruções ao cérebro. O Dr. Maxwell Maltz no seu memorável livro *Psycho-cybernetics* diz:

> Psicólogos experimentais e clínicos comprovaram além de qualquer sombra de dúvida que o sistema nervoso humano não consegue saber a diferença entre uma experiência real e uma experiência imaginada vividamente e em detalhes.

Isso significa que quando imagens vívidas são transmitidas ao cérebro pela mente, esse é capaz de trabalhá-las como se fossem acontecimentos reais, e não apenas imaginadas. Essas imagens transmitidas agem como sensações reais até onde diga respeito ao cérebro. É desse modo que o cérebro é capaz de induzir o sistema nervoso a iniciar os movimentos apropriados para os propósitos da ação física. Essa é realmente a base de todas as doenças psicossomáticas. A causa principal é a imagem transmitida pela mente. A não ser que essa imagem seja mudada a doença, que é psicossomática, não pode ser evitada. A comunicação entre mente e cérebro continua em termos de imagens. Se uma imagem não for vívida, a ação iniciada pelo cérebro é insípida e desinteressante. É a imagem que motiva os padrões de comportamento através do cérebro. A mente não conhece qualquer outra linguagem senão a das imagens.

É experiência comum da maioria de nós que na tentativa de levar uma vida religiosa ou espiritual, temos que lutar contra os padrões de comportamento estabelecidos. Como aspiramos levar uma vida espiritual, experienciamos uma enorme resistência oferecida pelos nossos modos de ação e padrões de comportamento. Sentimos que de algum modo somos incapazes de traduzir os nossos ideais e crenças em ação física apropriada. No *Mahabharata*, essa dificuldade foi expressa na famosa parelha de versos que diz "muito embora eu saiba o que é o bem, sou incapaz de me mover naquela direção, e muito embora saiba o que é o mal, sou incapaz de evitar praticá-lo". Essa é a dificuldade enfrentada por todos os aspirantes espirituais. Nossos padrões de comportamento são dependentes da direção que a mente dá ao cérebro. É função do cérebro implementar o que a mente pede. Só não consegue fazê-lo se estiver funcionando a um baixo potencial, ou se a mensagem transmitida pela mente não tiver clareza. Tratamos da questão do potencial cerebral nos capítulos anteriores do livro. Estamos agora preocupados com as mensagens enviadas pela mente ao cérebro para tradução em termos de ações físicas ou padrões de comportamento. Se a mensagem não tiver clareza, devemos descobrir como essa clareza pode ser acrescida às instruções enviadas pela mente. Não estamos preocupados neste estágio com o conteúdo das mensagens da mente. Nossa discussão no momento trouxe-nos ao ponto de clareza, pois se as mensagens não forem claras, a sua tradução em ação física irá também demonstrar fraqueza e imprecisão.

Via de regra, em nosso esforço espiritual, dizemos que é por termos uma vontade fraca que somos incapazes de traduzir nossas crenças em padrões de comportamento apropriados. Acreditamos que com o exercício de uma poderosa força de vontade somos capazes de construir uma ponte sobre o abismo que separa crença e comportamento. E, assim, no esforço espiritual rangemos os dentes e evocamos do interior a poderosa força de vontade. Mas o exercício de força de vontade resulta somente em luta e resistência. O uso da força de vontade para mudar os nossos modos de ação faz surgir a exaustão e a dissipação da energia. Mas se os nossos modos de comportamento não podem ser mudados pelo uso da força de vontade, como podemos realizar essa mudança? Não há dúvida de que os nossos modos de ação devem ser mudados, pois não refletem o que indicam nossos ideais e aspirações. O abismo entre crença e comportamento é um gerador de tensões e frustrações em nossa vida. Atribuímos isso à existência de *tamas* ou inércia, em nossa natureza, e buscamos quebrar essa inércia pelo exercício de uma poderosa força de vontade.

Alguém pode perguntar: qual é o papel da força de vontade se pelo seu exercício a pessoa não consegue mudar os próprios modos de comportamento? Com o exercício da força de vontade podemos suprimir um padrão de comportamento particular, mas essa supressão em si mesma torna-se a causa de tensão. Além disso, a supressão de um tipo de comportamento é apenas uma ação negativa. Na vida espiritual desejamos mudar nossos modos de comportamento de uma maneira positiva. Não basta que o nosso comportamento mostre ausência de certas tendências indesejáveis; ele deve conter tendências boas de uma natureza positiva. Que outro instrumento possuímos para esse propósito salvo o uso da força de vontade?

Existe muita concepção errônea com respeito a esse aspecto da consciência humana que é descrito como vontade e suas funções. É comum a crença de que uma pessoa com uma poderosa força de vontade possui grande capacidade de resistência. Na verdade, acredita-se geralmente que o uso da força de vontade seja para propósitos de resistência. Mas isso é completamente falso, pois a vontade é como um rei que só faz dar ordens. Um rei não se esforça para cumprir as ordens que ele mesmo dá. É trabalho de seus ministros elaborarem planos para a implementação das ordens e instruções dadas pelo rei. Desse modo, a vontade é a coisa mais aquietada, não necessitando de resistência. Após dar as ordens, a sua função termina. Com respeito às mudanças nos padrões de comportamento e modos de ação, não é função da vontade efetuar a transformação necessária. Sua função é dar as diretrizes quanto àquilo que deseja. Empregar a vontade para efetuar mudanças reais é diminuir a dignidade daquele que é o rei no reino da consciência humana. Não é de admirar que a pessoa não seja capaz de mudar seus próprios padrões de comportamento de maneira positiva pelo exercício da força de vontade.

A questão é: qual é o instrumento que executa as ordens do rei, e efetua a real transformação em nossos modos de comportamento? É a faculdade mental de construção de imagem. Construir uma imagem é dar forma e feitio às ordens dadas pela vontade. Dizem que os nossos pensamentos têm formas. Às vezes as formas-pensamento são fortes e vívidas, mas muitas das vezes são fracas e nebulosas. São as formas-pensamento fortes e vívidas que influenciam a pessoa a quem são dirigidas. Essas formas-pensamento é que são a força motivadora por trás da sustentação ou transformação dos padrões de comportamento. Essas formas-pensamento são as imagens da mente. Dissemos anteriormente que a mente fala a linguagem das imagens ou das gravuras. Ela não conhece nenhuma outra linguagem. Deste modo, a imagem é que é a fala da mente, e é através dela que as ordens da mente são enviadas ao cérebro. A mente afeta o corpo por meio das imagens que são transmitidas ao cérebro. Se construirmos uma imagem forte e vívida de um amigo nosso no leito de morte atravessando os últimos momentos da existência física, então as lágrimas brotarão de nossos olhos. O amigo não está lá fisicamente, é apenas sua imagem. Mas a imagem vívida é tão boa para o cérebro e para o sistema nervoso quanto o acontecimento real e, assim, o efeito imediato são as lágrimas em nossos olhos. Ou se imaginarmos uma refeição deliciosa à nossa frente, a nossa boca começará a encher-se d'água muito embora não seja uma refeição física, apenas uma imagem mental da refeição. Esse é um fenômeno psicossomático, onde a imagem produz uma mudança na resposta física. É a imagem que motiva nossos modos de comportamento. Uma vez que o assunto tenha sido passado para a faculdade mental produtora de imagens, a força de vontade nada mais tem a dizer. Ao distribuir ordens e diretrizes a força de vontade tem total autoridade. Mas feito isso, a faculdade criadora de imagens assume e organiza as medidas para sua implementação. Após o que a força de vontade não pode intervir, ou se o faz, é impotente.

É visível o efeito das imagens e a incapacidade da força de vontade em intervir em nossa vida diária. Por exemplo, podemos nos sentir nervosos ao falar em público, e uma imagem desse sentimento nervoso já foi construída. Se após isso fizermos um esforço determinado para não nos sentirmos nervosos quando convidados a falar, descobriremos que apesar de nossa determinação, quando o momento de falar chega, sentimo-nos nervosos. Isso ocorre porque já construímos uma imagem na qual vemos a nós mesmos nos sentindo nervosos, com as mãos tremendo enquanto seguramos o papel, ao ler o discurso. Uma vez construída a imagem, o uso contrário da força de vontade não terá qualquer efeito. Na verdade, após a formação da imagem, o rei, isto é, a força de vontade, não tem o direito de intervir. Uma pessoa pode ser chamada para uma entrevista com relação ao seu pedido de emprego. E ela determina com poderosa força de vontade que irá dar todas as respostas com ar de confiança e que não mostrará qualquer traço de nervosismo. Todavia, quando o candidato aparece perante seus entrevistadores, ele se sente extremamente nervoso e incapaz de dar respostas satisfatórias às perguntas que lhe são feitas. Isso ocorre porque uma imagem já estava construída visualizando a si mesmo sentindo-se nervoso. É a imagem que age, e não a força de vontade. Tal como é a nossa auto-imagem serão nossas ações no nível físico. A idéia da transformação através da faculdade construtora de imagem nada tem a ver com o que é chamado "pensamento positivo". Dentro em breve iremos ver onde a psicologia da auto-imagem difere do pensamento positivo. Na psicologia da imagem positivo e negativo são combinados. Descobriremos isso quando chegarmos ao mecanismo da construção de imagem com referência aos padrões de comportamento de uma pessoa.

O Dr. Maxwell Maltz no seu livro *Psycho-cybernetics* citou um grande número de casos que ele tratou ao longo de sua ampla prática como cirurgião plástico. Ele citou o exemplo de um jovem que foi ao médico dizendo que gostaria de ter o seu nariz ligeiramente torto corrigido pela cirurgia plástica. O doutor fez a operação e o paciente foi embora aparentemente satisfeito com o trabalho cirúrgico. Mas após alguns dias o paciente voltou ao médico dizendo que seu nariz estava tão torto quanto antes e que esse nada fizera para corrigi-lo. O médico lhe mostrou um espelho e pediu para que ele visse por si mesmo se a correção pela cirurgia plástica tinha sido feita ou não. Mas o paciente não queria aceitar nem mesmo o veredicto do espelho. A sua auto-imagem com o nariz torto tinha persistido, e por isso ele não queria encontrar seus amigos nem participar de atividades sociais. Ele achava que as pessoas iriam rir-se dele ao virem seu nariz feio. Ele desenvolveu um forte complexo de inferioridade justamente porque a imagem mental do nariz permaneceu. Nenhuma força de vontade poderia funcionar para mudar o seu comportamento nascido de um senso de inferioridade. Quando a imagem mental foi mudada, seu comportamento tornou-se natural, e ele ficava muito feliz de encontrar as pessoas e sem qualquer sentimento de inferioridade. Tal é realmente o poder da construção de imagens na esfera da transformação dos padrões de comportamento de uma pessoa e de seus modos de ação.

O cérebro inicia os padrões de comportamento com base na imagem transmitida pela mente. Não é trabalho do cérebro questionar a exatidão ou não da imagem enviada pela mente. Ele deve levar a cabo as intimações contidas na imagem. Tal como é a imagem será o modo de ação física, quanto mais vívida for a imagem, mais rápido e mais firme será o padrão de comportamento. A mente possui um grande número de imagens bem estabelecidas, e as ordens expedidas pela vontade são executadas em termos dessas imagens bem entrincheiradas. O mecanismo mental da imagem age como o burocrata comum que jamais deseja desviar-se de sua rotina estabelecida e da burocracia. Ele age em termos do seu hábito e não quer se dar o trabalho de explorar novos meios de lidar com um problema. O mecanismo mental do hábito funciona através dessas imagens bem estabelecidas. Na realidade, devido a esse mecanismo, as diretrizes da vontade são distorcidas e sofrem sabotagem. O contato entre mente e cérebro é feito por meio de imagens. E a não ser que o mecanismo do hábito seja radicalmente modificado, não há chance de as diretrizes da vontade encontrarem boa acolhida. Os padrões de comportamento seguirão as imagens do mecanismo do hábito e, assim, crenças e comportamento jamais chegarão a um sincronismo harmonioso. É o mecanismo de imagens que dita as regras, e esse mecanismo tem raízes nas reações e respostas habituais. Não é de admirar que nossos modos de ação física não mostrem qualquer mudança apesar de nosso fervor idealista, pois entre ideais e aspirações, e entre cérebro e sistema nervoso, está o nosso mecanismo do hábito, onde foram armazenadas imagens bem entrincheiradas. Sentimos que o nosso comportamento habitual é obstinado e, muito embora façamos esforços tremendos, somos incapazes de efetuar qualquer mudança apreciável no mesmo. Nossos hábitos e imagens bem estabelecidos são idênticos. E, assim, se as nossas reações e modos de comportamento habituais tiverem de ser mudados, é o processo construtor de imagens que terá de ser atacado. Será inútil o uso da força de vontade para mudar padrões de comportamento. Nossas imagens, particularmente nossa auto-imagem, devem sofrer uma mudança radical. Agimos como é ditado pela auto-imagem. Todas as nossas ações e respostas emanam da auto-imagem. Foi esta auto-imagem que construiu a nossa segunda natureza a que chamamos hábito.

Não vamos entrar na questão de se as diretrizes da mente ou da vontade estão certas ou erradas. Enquanto o mecanismo do hábito, funcionando por meio de imagens bem estabelecidas permanecer inalterado, não pode haver qualquer possibilidade de mudança dos nossos padrões de comportamento. O potencial incrementado do cérebro sobre o qual discutimos nos capítulos anteriores fortalecerá ainda mais os padrões de comportamento habituais devido à maior quantidade de energia com que foi dotado no despertar da *Kundalini*. O cérebro irá fazer o que as imagens indicarem, e o fará com maior fervor quando tiver incremento de energia. E, assim, o abismo entre crença e comportamento irá tornar-se muito mais largo e intransponível.

Dissemos que a psicologia da auto-imagem e o pensamento positivo não são idênticos; aliás, são completamente diferentes. No pensamento positivo há uma tentativa de lidar com os problemas de comportamento diretamente, sem mudar a auto-imagem. Essa é apenas uma outra maneira de exercer a força de vontade para mudar padrões de comportamento. Qualquer tentativa ao longo dessa linha está fadada ao fracasso, pois sem mudar a auto-imagem, mudar os modos de ação é introduzir um elemento de força ou de violência nesse processo. Deve haver naturalidade acerca desse comportamento. Isso não pode acontecer quando se emprega o método do pensamento positivo. O problema do padrão de comportamento deve ser enfrentado por meio do mecanismo construtor de imagens, e não diretamente como se busca fazer no exercício da força de vontade ou nas práticas de pensamento positivo. Quando a auto-imagem é mudada então os padrões de comportamento também serão modificados naturalmente e sem esforço. Não é preciso fazer qualquer esforço especial com relação à mudança nos padrões de comportamento, pois eles são dependentes das imagens transmitidas ao cérebro. Com a modificação do mecanismo do hábito e, portanto, com a modificação da auto-imagem, nossos problemas de ação e comportamento não mais significarão problema algum.

A questão é: como mudar a auto-imagem e assim efetuar uma modificação radical no mecanismo do hábito?

Enquanto citávamos J. Krishnamurti dizíamos, na parte anterior deste capítulo, que o pensamento é orientado pelo hábito e, portanto, funciona a partir do passado. Aliás, o pensamento é um escravo do mecanismo do hábito. J. Krishnamurti no seu livro *The Impossible Question* diz:

> O pensamento é a resposta do passado. . . . Pode a mente libertar-se dos hábitos que cultivou . . .? O que significa, pode a mente ficar livre do pensamento?

Se a mente ficar livre do pensamento então qual é a atividade da mente? Qual é o conteúdo fundamental da mente? Há uma enorme diferença entre pensar e pensamento. O pensamento surge quando o pensar se torna cristalizado, ou alguém poderia dizer, o pensamento é o beco sem saída do pensar. Se pudesse haver pensar sem pensamento então a mente ficaria livre da escravidão do hábito. O pensamento é a imagem cristalizada do pensar. O movimento usual da mente é de pensamento para pensamento, ou seja, de imagem para a imagem. Esse movimento é tão rápido que jamais estamos perceptivos do intervalo entre as imagens. À medida que o processo do pensamento aumenta, as imagens tornam-se cada vez mais fortes. Assim as imagens estão fortemente entrincheiradas e se tornam a força motivadora do mecanismo do hábito.

O cérebro humano que inicia modos de ação e comportamento físicos não entra em contato com a torrente viva do pensar; o seu contato é apenas com o pensamento ou com o mecanismo do hábito. É por causa disso que as vívidas água do pensar jamais vêm aos canais de comunicação construídos pelo cérebro. Somente as águas estagnadas das imagens habituais é que fluem através deles. Com o passar dos anos, o mecanismo do hábito, com suas imagens, torna-se cada vez mais rígido. A mente torna-se tão escravizada a esse mecanismo do hábito que perde sua liberdade. Nosso problema é: como libertar a mente completa e totalmente? E como cuidar para que não fique presa nos processos mecânicos do mecanismo do hábito? Teremos que lidar com a primeira questão mais tarde quando chegarmos ao tema da transformação da mente. No momento estamos preocupados com a modificação do mecanismo do hábito para que possa ser estabelecido um contato direto entre a mente e o cérebro.

Mas uma questão deve surgir: uma vez que a mente conhece apenas a linguagem das imagens e das gravuras, como haverá um contato entre a mente e o cérebro se o mecanismo construtor de imagens deixar de existir? É a partir das imagens que os hábitos são formados. Quais serão os meios de comunicação entre a mente e o cérebro senão o das imagens? No próprio ato de pensar, formas e imagens vêm à existência, e sem imagens fortes e vívidas o cérebro humano não pode ser induzido a agir. Assim, as imagens são necessárias para que novos padrões de comportamento e modos de ação venham à existência. Parecemos estar à beira de um dilema. Como resolvê-lo? É pela exploração do tema da construção de imagem em profundidade que podemos encontrar uma

A Ciência da Meditação - 127

solução para esse dilema. É possível fazer com que o processo construtor de imagem continue em plena intensidade, sem, contudo, permitir que as imagens se cristalizem? Pode todo o mecanismo do hábito evoluir de tal maneira que funcione de uma maneira extremamente flexível, sensível a rápidas modificações? Pode a formação do hábito ser atenuada a tal ponto que não se torne uma estrutura rígida? Podem as imagens ser retidas tanto tempo quanto necessário e depois dissolvidas para criar espaço para novas imagens? Em outras palavras, podem as imagens vir e ir sem trazer à existência rígidas estruturas de mecanismo de hábito?

Esses são problemas que devem ser examinados, se padrões de comportamento cada vez mais novos tiverem que emergir. É verdade que o hábito é o produto final da rotina. Mas não se pode excluir completamente a existência da rotina na vida diária. Sem tal rotina haveria um grande desperdício de energia. A questão é: é possível evitar que a rotina se torne uma rígida estrutura de hábito? Se de tempos em tempos a pessoa pudesse efetuar modificações na sua rotina, talvez a rigidez do hábito não viesse à existência. Mas por detrás da manutenção da rotina existem imagens como fatores de motivação. A rotina precisa da força de sustentação da auto-imagem. Quando a rotina é quebrada a auto-imagem é perturbada. É assim que o homem torna-se escravo da rotina. Se a auto-imagem for modificada de tempos em tempos, então a escravidão à rotina e ao hábito deixará de existir. Isso permitirá que imagens novas sejam formadas; e, são essas imagens novas, claras e intensas, que irão induzir o cérebro a estabelecer novos modos de ação e de comportamento. O interesse do cérebro diminui quando se lhe exige estabelecer padrões de comportamento com base em imagens velhas e estagnadas. Nossos padrões de comportamento apresentam tendências repetitivas porque são as imagens velhas e profundamente entrincheiradas que são transmitidas ao cérebro a partir do mecanismo mental do hábito. Para dotar nossos padrões de comportamento de frescor é necessário haver transmissão de imagens novas. Mas isso só pode acontecer se houver imagens claras e intensas sem a possibilidade de se prenderem a rígidos mecanismos de hábito. A pessoa deve aprender o processo de modificar o mecanismo do hábito de vez em quando, se quiser livrar-se de uma existência estéril e estagnada. Um padrão de comportamento repetitivo não pode ter qualquer vivacidade em si. E se os modos de ação da pessoa são sem tal vivacidade, como pode a sua comunicação com a vida à sua volta ser eficaz? A vida espiritual é uma vida vibrante, cheia de uma qualidade de vivacidade que facilmente transparece em todas as ações, não importa quão pequenas possam ser. Isso só é possível quando as imagens transmitidas ao cérebro são frescas e cheias de vida. Esse é um problema muito urgente da vida espiritual, muito ligado ao ato de comunicação que discutimos no último capítulo. Devemos agora examinar em profundidade o problema da construção de imagens para o qual voltaremos nossa atenção no próximo capítulo.

130 - Rohit Mehta

CAPÍTULO 12

A CONSTRUÇÃO DE IMAGENS NA MEDITAÇÃO

Existem três faculdades principais da mente – são elas a faculdade do raciocínio, da memória e da imaginação. No raciocínio seguem-se as leis e OS princípios da lógica. Mas essas leis e princípios emprestam ao raciocínio uma forma e uma estrutura. Se a pessoa segue as leis da lógica de maneira impecável, a forma estrutural do raciocínio será aguçada e ordenada. Por meio do processo lógico a pessoa pode argüir qualquer caso, quer seja do queixoso ou do acusado. Por meio da lógica pode-se provar qualquer coisa que se queira. É apenas um processo estrutural. O conteúdo do raciocínio é suprido, de modo geral, pela memória e pela imaginação. É óbvio que a memória pertence ao passado. De modo semelhante a imaginação refere-se ao futuro. Mas com respeito às atividades da mente, o futuro é apenas uma projeção do passado, positiva ou negativamente. É o passado não realizado que precisa do futuro para a sua realização. É o passado como memória, com sua projeção do futuro, que é o conteúdo da imaginação. Desse modo, na imaginação da pessoa é a memória que ocupa lugar de preponderância. Ernest Wood chama a imaginação de "o poderoso holofote da mente humana". Certamente porque é a força construtiva mais potente que a mente humana possui.

A imaginação tem vários aspectos. Aparece como devaneio na vida de muitas pessoas. Expressa-se também como fé naquilo que se quer seja verdade. Para muitas pessoas, a imaginação é idêntica à fantasia, que não tem base em fatos. Existe também a imaginação científica, que constrói o todo pelo estudo da parte. É isso o que a ciência da Paleontologia faz o tempo todo. Qualquer que seja a forma de imaginação, é o passado que lhe fornece conteúdo. É possível livrar a imaginação de todo o conteúdo de memória, mas para essa pureza de imaginação nos voltaremos nos capítulos posteriores deste livro. Se a imaginação for o poderoso holofote da mente, certamente ela deve possuir tanto claridade quanto intensidade. O holofote deve lançar luz com grande intensidade, de outro modo não é melhor do que uma lanterna comum. Ademais, o seu jato de luz deve focar-se no ponto que se busca iluminar. A imaginação só pode funcionar como uma força construtiva dinâmica se for intensa e capaz de ser focada.

Para importar essas qualidades de claridade e intensidade para o ato da imaginação é necessário compreender todo o fenômeno da construção de imagens, pois é por meio da construção de imagens que a imaginação vem à existência. Se o processo mesmo de construção de imagens for defeituoso, então a nossa imaginação jamais poderá tornar-se o poderoso holofote da mente que se supõe ser. Tal como é a construção de imagens será a qualidade da imaginação. Não vamos adentrar a questão da pureza da imaginação onde ela é completamente livre do conteúdo do passado. Acreditamos que a nossa imaginação atualmente tem raízes no passado. Mesmo assim ela pode exercer uma força construtiva poderosa na vida do homem se nela houver tanto clareza quanto intensidade.

Dissemos anteriormente que pelo próprio fato de pensar, formas e imagens são criadas. Quando dizemos que nosso pensar é inconstante, ou vago, e fraco, o que está implícito é que as imagens criadas por tal pensar são deformadas. Às vezes encontramos pessoas cujo pensar é tão forte que quase ficamos hipnotizados em sua presença. O forte pensar indica a criação de imagens claras e intensas. Nossa comunicação com os outros é através de imagens. Por trás de nossas palavras e gestos há imagens, quer sejam fortes ou fracas. A comunicação telepática também depende de imagens fortes e claras. Enviamos pensamentos às outras pessoas, quer de ajuda ou de outro tipo, através de imagens. Desse modo o mecanismo construtor de imagens contribui tanto para mudar os padrões de comportamento da pessoa quanto para ajudar os outros com seus próprios pensamentos.

Em qualquer ato de meditação, com ou sem método, o ponto de partida tem que ser uma imagem. Pode ser a imagem de um guru ou um instrutor, ou pode ser a imagem de uma virtude particular em ação, ou podem ser imagens evocadas por algum mantra. Muito ouvimos falar sobre meditação como sendo um ato de observar o processo do pensamento. Em qualquer observação deve haver algo para se observar. O que é que se observa na observação do processo de pensamento? Certamente que deve ser a forma pensamento ou a imagem criada pela mente daquele que observa. Não se pode observar o que não tem forma. Não se precisa possuir poderes ocultos para se observar as imagens da mente. Quando se visualiza alguma coisa, se essa coisa é clara e vívida, então o cérebro e o sistema nervoso imediatamente entram em atividade. O cérebro percebe a imagem, considerando-a como algo que está de fato acontecendo no plano físico. O movimento no sistema nervoso é prova da visualização de uma imagem intensa. Aliás, quando criamos uma imagem vívida nós a experienciamos como se de fato a estivéssemos vendo ou sentindo. Se a imagem não for vivida e forte, ela mal serve a qualquer propósito, quer seja para meditação, para sustentar ou modificar os padrões de comportamento. Assim, uma imagem vívida e forte é necessária para ambos os propósitos. No movimento mais profundo da meditação, a imagem pode e deve ser abandonada, mas o começo tem de ser com uma imagem. Por imagem não queremos dizer ídolos físicos. Algumas pessoas começam a meditação com ídolos, e outras com imagens mentais. Mal existe qualquer diferença qualitativa entre os dois. Como e quando as imagens são abandonadas na experiência da meditação será discutido em capítulos posteriores. Mas antes de a imagem ser abandonada deve haver primeiramente a formação e criação de uma imagem. Quando dizemos que estamos meditando sobre uma idéia, é realmente a imagem formada pela mente. A pessoa deve começar com a forma antes de passar para o sem forma. Nossa primeira preocupação é com a forma, sua criação e sustentação, antes de prosseguirmos para a experiência do sem forma. Na visualização vívida e forte a pessoa vê a imagem que pode observar. A imagem pode ser visual ou pertencer a qualquer outro sentido, seja audição, tato, olfato ou paladar. Observar o objeto ou acontecimento fortemente imaginado não requer quaisquer poderes superfísicos tais como a clarividência. Na verdade, a experiência forte e vividamente imaginada pode ser tão real que a pessoa possa observá-la como se ela realmente estivesse acontecendo no plano físico.

Em nossas práticas meditativas comuns reclamamos de nossa incapacidade para nos concentrar ou reter alguma idéia por qualquer extensão de tempo. Isso significa que a nossa imagem mental escapa e que não somos capazes de retê-la. A pessoa pode reter somente uma forma, e a forma de uma idéia é a imagem. Tentamos nos concentrar na idéia, e

A Ciência da Meditação - 133

tal concentração parece não fazer efeito. Ela cria tensão e extenuação. Ernest Wood diz que concentração deve ser atenção sem tensão. Nossos esforços para reter uma idéia sem lhe dar uma forma definida e vívida estão fadados a serem inúteis. Se apenas empregássemos o mecanismo construtor de imagem para os propósitos da concentração facilmente seríamos bem-sucedidos, também sem criar qualquer tensão. A concentração deve ser um ato de atenção, e esse ato torna-se fácil quando se dá uma forma, em termos de imagem, à idéia vaga e abstrata. Iniciar a meditação sem a criação de uma imagem vívida e clara é estar perdido em pensamentos vagos e inconstantes. E a nossa meditação comum não é nada além disso, ou pode ser algo como emocionalismo induzido. Isso não é meditação. Patañjali explica *Dharana* como percepção extensiva, e meditação ou *Dhyana* como totalidade de atenção. O segredo da atenção tranqüila jaz na construção da imagem. É mais fácil observar uma imagem do que uma idéia abstrata. E, assim, o problema da construção de imagens tem de ser considerado tanto em profundidade quanto em extensão. O caminho da construção de imagem bifurca-se à medida que segue adiante. Um caminho leva à transformação dos padrões de comportamento e modos de ação através do estímulo do cérebro. E o outro leva à transformação de imagens em símbolos, onde é concedida ao aspirante a experiência profunda da meditação. É aqui que ocorre o abandono das imagens. Consideraremos esse aspecto de nossa viagem posteriormente. No momento, estamos preocupados com o primeiro caminho onde as imagens nos ajudam a estimular o cérebro para o estabelecimento de padrões de comportamento modificados.

Isso requer uma compreensão da técnica de construção de imagens. Essa técnica é necessária para os estágios iniciais da meditação como também para a transformação dos nossos padrões de comportamento. Até o ponto da bifurcação, ambos os processos movem-se ao longo do mesmo caminho. Aliás, existe apenas um caminho até o ponto de bifurcação. A técnica de construção de imagens precisa primeiramente de uma compreensão da questão de como criar imagens claras e vívidas. Somos incapazes de prosseguir em nossas práticas meditativas porque não nos voltamos para a criação de imagens. Aliás, a técnica de construção de imagens não tem sido empregada por nós para nossos propósitos meditativos. De modo semelhante, para mudar os padrões de comportamento também não temos empregado a técnica de imagens. Acreditávamos que ambos os processos pudessem ser perseguidos pelo exercício da força de vontade. Tentar concentrar-se por meio da força de vontade é cansar-se e exaurir-se no processo. Da mesma maneira, tentar mudar os padrões de comportamento por meio do exercício da força de vontade é totalmente frustrante.

Deve-se notar que a matéria-prima de todas as imagens mentais vem de nossas experiências físicas. É verdade que nessas imagens de fato ocorrem certas modificações de acontecimentos físicos – mas, mesmo então, a matéria-prima básica provém das experiências sensoriais. Aquilo que vimos ou ouvimos ou que experienciamos sensorialmente supre o terreno para a estrutura de imagens da mente. Já que esse é o caso, a clareza de nossas imagens mentais depende da clareza com que experienciamos eventos e acontecimentos físicos no passado. Se as nossas experiências sensoriais foram fracas e vagas, então as nossas imagens mentais também estarão fadadas a ser da mesma natureza. Sri Aurobindo diz no seu livro *Letters on Yoga*:

> Deve-se dar a uma experiência todo o tempo necessário para desenvolver ou produzir todo efeito possível. Ela não deve ser interrompida exceto em caso de necessidade. . . Durante a experiência a mente deve permanecer quieta. Após o fim da experiência, ela pode tornar-se ativa. Se ela estiver em atividade durante o processo, a experiência pode parar completamente. . . Pensar e questionar sobre uma experiência quando ela está acontecendo é a coisa errada a ser feita; ela pára ou diminui. Deixemos que a experiência desenrole-se completamente. . . . Quando ela tiver terminado você pode pensar a seu respeito, mas não enquanto estiver acontecendo.

Para se ter clareza e intensidade na experiência sensorial, é de fundamental importância que o pensamento não deva entrar enquanto a experiência estiver em andamento. Deve-se permitir que a experiência sensorial desenrole-se totalmente sem a interferência da mente. A entrada do pensamento interrompe a experiência e, assim, são perdidas tanto a clareza quanto a intensidade. Consideramos esse assunto deta-

A Ciência da Meditação - 135

lhadamente quando discutimos a questão do gozo sem aquele que goza. Aquele que goza é óbvio que é a mente. Se pudermos manter aquele que gozava afastado, então a experiência será capaz de se desenrolar em sua totalidade. Se a matéria-prima para as imagens mentais vier de experiências sensoriais tão completas, a técnica de construção de imagens irá produzir os resultados necessários. A plenitude da experiência sensorial pode ser sobre qualquer coisa – pode ser a observação de uma árvore, de uma flor ou de um pássaro. Se a nossa observação de um objeto ou evento físico tiver sido incompleta e defeituosa, a nossa imagem mental também será obscura e indistinta.

Tanto para as experiências de meditação profunda quanto para a modificação dos padrões de comportamento é essencial a criação de um perfeito mecanismo construtor de imagens. Mas é possível trabalhar-se conscientemente no aperfeiçoamento desse mecanismo? Para a perfeição desse mecanismo há duas coisas que são necessárias no estágio inicial, isto é, até o ponto onde surge a bifurcação da estrada, como foi dito anteriormente neste capítulo. Essas duas coisas são a criação de imagens, e a retenção de imagens. Antes de qualquer coisa, a pessoa deve trabalhar conscientemente na criação de imagens. Tal criação depende de percepções claras no nível físico. A pessoa pode começar com desenhos geométricos simples. Basta observá-los claramente, e com os olhos fechados, produzir uma imagem tão fiel do desenho quanto possível. A partir de tais desenhos passar para objetos físicos como cadeiras, mesas, livros etc. Pode-se formar a imagem desses objetos com respeito à forma e à cor. Essa imagem deve ser tão clara e vívida que a pessoa quase consiga vê-los com os olhos fechados. Essa experiência visual pode ser estendida aos outros sentidos. De objetos simples a pessoa passa para objetos compostos, como por exemplo, inúmeros objetos em um aposento ou em um salão de conferências ou em qualquer outro lugar. Pode-se visualizar claramente um aposento com toda sua mobília. Podem-se fazer experimentos ao longo desta linha escolhendo aposentos e casas em vários lugares, próximos e distantes. Pode-se variar essa experiência de muitas maneiras, mas o tema central de tais imagens deve ser algum objeto ou objetos inertes.

A partir desses objetos inertes simples ou compostos, pode-se passar para coisas vivas, digamos uma árvore, uma planta, uma flor, um animal ou um pássaro. Construa a imagem de uma flor clara e vívida de modo que você veja não apenas a sua forma e cor, mas também sinta sua textura, ou melhor, sinta também a fragrância da flor. Na construção de imagens, é necessário lembrar que o que quer que esteja sendo imaginado deve ser visto ou experienciado, não verbalizado. Introduzir a verbalização na construção de imagens é formar imagens difusas e vagas. A pessoa deve ver um objeto mentalmente ou senti-lo pelo toque, odor ou paladar, ou ouvir o som que emite sem verbalização mental. Só assim é que a imagem torna-se clara e intensa. Ou ela pode ver um pássaro pousado sobre o galho de uma árvore, com suas belas cores e plumagem magnífica, como no caso de um pavão, ou ainda ver um gato sentado graciosamente em estado de completo relaxamento. Imagine essas várias coisas vivas no seu contexto próprio, veja a luz e a sombra de um cenário natural. As imagens devem ser tão claras que a pessoa veja os objetos ou coisas vivas que estão próximas de maneira clara, e as coisas que estão afastadas de uma maneira difusa. Em outras palavras, as imagens mentais devem, até onde for possível, ser totalmente fiéis àquilo que existe.

Nos seus experimentos de construção de imagens, a pessoa pode passar de coisas e objetos estáticos, para eventos que possuam um fator de movimento. Ela pode imaginar um pássaro voando, ou um gato ou cachorro correndo, ou um veículo se deslocando. Pode também visualizar um trem movendo-se em velocidade ou um avião movendo-se ainda mais rapidamente. Mais uma vez temos que notar que quanto mais clara a observação sensorial, mais nítida será a imagem dos objetos e das coisas em movimento. Desse modo a construção de imagens está intimamente ligada aos assuntos que estivemos discutindo nos capítulos anteriores com referência ao aumento do poder de absorção do cérebro. Fizemos a sugestão, portanto, de que todos os temas da tríplice transformação têm de ser considerados juntos, pois formam um todo com relação à jornada espiritual que nos leva à terra da meditação.

Na construção de imagens, do mesmo modo como a pessoa imagina um objeto em movimento ou um pássaro, um animal ou um trem, de modo semelhante ela pode imaginar a si mesma em movimento. Desnecessário dizer que esse movimento em si mesmo é uma imagem, e a partir daí ela observa qualquer coisa que exista por meio da faculdade de

A Ciência da Meditação - **137**

imaginação. Ou a pessoa pode fazer uma caminhada mental ao longo de alguma estrada conhecida e, enquanto caminha, ela vê, ouve, cheira, toca e sente o sabor em termos de imagens mentais. Nesse processo de construção de imagens não deve entrar o elemento de verbalização mental. Quando há verbalização, a estrutura da imagem parte-se ou permanece no pano de fundo, fraca e esmaecida. Pela verbalização a pessoa pode evocar imagens, mas uma vez que as imagens tenham surgido e estejam em processo de formação, a verbalização deve cessar. Na verbalização, a mente descreve o que é para si mesma. Ao assim fazer o ato de experienciar pára, ou torna-se cada vez mais fraco.

Falamos da construção de imagens mais em termos de visualização do que em termos dos outros sentidos. Mas o que se aplica a um órgão dos sentidos aplica-se igualmente aos outros. Aliás, a pessoa deve experienciar com o que foi dito acima com todos os sentidos, primeiro separadamente, e depois com todos os sentidos juntos, ou com tantos sentidos quanto possível. Ela pode visualizar uma laranja com sua cor e forma, a textura de sua casca, a fragrância que exala, o gosto, doce ou azedo – todas essas coisas podem estar juntas de modo a formar uma imagem composta. As nossas experiências normais com o mundo externo são de natureza composta, desse modo as imagens compostas estariam mais próximas das experiências reais. Na verdade, tal natureza composta daria vivacidade e intensidade às nossas imagens. Na construção de imagens pode-se importar muita variedade pela experimentação ao longo de numerosas linhas. Seria uma experiência fascinante que a pessoa poderia empreender a qualquer tempo quando nada houvesse a pressionar sua atenção.

A construção de imagem com relação a rostos humanos e situações humanas é um pouco difícil, mas se a pessoa fez experiências ao longo do que foi dito acima, ela pode facilmente construir imagens de seres humanos. Uma vez que nossas comunicações se dão principalmente na esfera dos relacionamentos humanos, é absolutamente necessário o processo de construção de imagens com referência a seres humanos e situações humanas. A pessoa pode começar olhando para um retrato ou uma pintura de um amigo ou até mesmo de um estranho. Se ela conseguir criar uma imagem da fotografia ou do quadro, ela pode passar para a criação da imagem de um ser humano vivo. A partir de um indivíduo simples ela pode passar para um grupo de indivíduos e daí para situações humanas de natureza simples ou complexa. Partir de um simples objeto inerte para situações humanas complexas é um longo caminho, mas a pessoa pode cobrir essa distância se avançar sistematicamente na esfera da construção de imagens.

A construção de imagens é tanto uma arte quanto uma ciência. Pode-se ajudar uma pessoa por meio de pensamentos, e de maneira bastante eficaz. Mas para isso deve ser criada uma imagem clara da pessoa. Tendo feito isso, pode-se conversar com essa imagem da mesma maneira como conversaria com uma pessoa verdadeira e fisicamente presente. Também em casos de telepatia mental é necessária a criação de imagens claras, pois de outro modo a comunicação telepática não seria eficaz. Uma imagem clara do guru ou do instrutor, ou uma imagem clara a respeito do objeto escolhido para meditação ajuda a pessoa a manter firme a atenção da mente com mais facilidade do que seria o caso se fosse de outra forma. É verdade que na meditação todas as imagens devem ser abandonadas – mas elas devem primeiramente existir antes de sua dissolução. E se as imagens são claras antes de serem abandonadas, então a sua dissolução torna-se também mais fácil. Voltaremos a esse aspecto numa parte posterior do livro. Dissemos que a senda que emana da construção de imagens bifurca-se em um estágio posterior. Um caminho é a construção de imagens para comunicação, e o outro é a construção de imagens para a comunhão. Estamos no momento preocupados com a técnica de construção de imagens para a comunicação.

No processo de construção de imagens, não basta que uma imagem clara tenha sido formada ou criada. Tem que haver a retenção daquela imagem, e a pessoa deve ser capaz de reter a imagem tanto tempo quanto queira. Isso é tecnicamente chamado de *Dharana* que deve ser traduzido como percepção em vez de concentração. Ela só pode estar realmente perceptiva de uma imagem se for capaz de retê-la ou mantê-la. O próprio significado da palavra *Dharana* é o ato de reter. Nas nossas práticas meditativas normais isso constitui o obstáculo que mais persiste. Podemos ser capazes de criar uma imagem clara, mas de modo geral, somos incapazes de retê-la. Por que somos incapazes de reter uma imagem? Por que ela escapa do domínio da mente? É possível para uma pessoa reter uma imagem tanto quanto deseje? Somente aquelas

A Ciência da Meditação - **139**

imagens que somos capazes de reter é que podem ser dirigidas ao longo de qualquer caminho que se queira. Mas se a imagem escapa ao controle da mente, então certamente que uma tal orientação não pode ser dada.

Neste capítulo estivemos a considerar a validade e importância da técnica de construção de imagens tanto para a comunicação quanto para a comunhão. Com relação a isso discutimos modos de criar diferentes tipos de imagens. Enquanto a criação de imagens é um aspecto do instrumento de comunicação e comunhão, o outro aspecto é a retenção das imagens de modo a dirigi-las ao longo de canais que a pessoa considere necessários. O tema da retenção de imagens precisa ser explorado tão exaustivamente quanto possível. Por isso voltaremos nossa atenção para ele no próximo capítulo. No livro intitulado *Concentration and Meditation* publicado pela *Buddhist Lodge*, Londres, está escrito:

> O poder de formar imagens mentais límpidas é essencial para o progresso na meditação, e quanto mais completamente for desenvolvido mais fácil será praticar (esses exercícios que são necessários à meditação).

Vimos como imagens límpidas podem ser criadas, mas a questão prática é: como retê-las? A criação de imagens límpidas seria sem sentido se a pessoa fosse incapaz de retê-las e direcioná-las ao longo da senda da comunhão, da comunicação ou de ambas.

CAPÍTULO 13

O PLANO DETALHADO

Em todo o universo, o ser-humano é o único capaz de evolução consciente. Todas as outras criaturas dependem da natureza para iniciar e guiar o seu processo evolucionário. O ser-humano tem sido capaz de livrar-se das compulsões da natureza, muito embora de maneira ainda limitada. Isso tem sido possível porque ele possui o instrumento chamado mente com todas as suas várias faculdades. É essa mente que dá o direcionamento ao longo do qual ele pretende que sua própria evolução se mova. A mente é a entidade tomadora de decisões que afirma, ou tenta afirmar, sua liberdade contra o determinismo da natureza. Mas essa mente é tanto sua glória quanto suas trevas. Sua glória evidencia-se nas realizações que ele tem sido capaz de alcançar nas várias esferas da vida, porém mais particularmente no campo da ciência e da tecnologia. Mas a mente tem sido também as suas trevas, visto que ele é incapaz de libertar-se de suas próprias amarras do passado, resultando em decisões que estão longe de ser corretas, não nas esferas mecânicas, mas no reino psicológico de sua vida. O ser-humano conquistou sua liberdade, mas tem medo dessa mesma liberdade. Ele quer que liberdade e segurança andem juntas. Na reconciliação dos dois fatores irreconciliáveis, ele aprisionou sua preciosa liberdade dentro dos confins do hábito. Ele sente que só nos confins do hábito pode estar seguro. É assim que permite que sua mente movimente-se apenas na área de liberdade limitada. A mente que está presa ao hábito é uma mente mecânica. O ser-humano ainda está distante de saber o que é uma mente criativa. Ora, a meditação é a experiência de uma mente criativa, pois permite a ele libertar-se das muletas da mente habitual.

Para trilhar essa senda que leva à experiência de uma mente criativa, deve-se entender o mecanismo do hábito no qual as atividades da mente estão presas. Uma mente presa ao hábito é uma mente repetitiva e todos os processos repetitivos criam estupidez e passividade. Que intimações de uma vida dinâmica pode uma tal mente transferir para o cérebro ativo? Não é de

A Ciência da Meditação - 141

admirar que os nossos padrões de comportamento e modos de ação sejam habituais por natureza. É esse hábito que nos tornou medíocres. Nossos padrões de comportamento não mostram quaisquer traços de nossa individualidade. Eles estão presos ao hábito e são por isso repetitivos e monótonos. O hábito pode ser descrito como tradição na vida psicológica do homem. É verdade que a tradição tem o seu lugar na vida do ser-humano, pois é por meio da tradição que surge certa quantidade de estabilidade em sua vida, tanto no nível individual quanto no social. Mas se essa estabilidade degenerar em estupidez, uma tal tradição não é viva, e sim morta. O ser-humano possui muitas dessas tradições mortas na sua vida psicológica. Uma tradição viva é aquela que é capaz de absorver em si mesma o eterno fluxo da vida. Tradição e mudança constituem o ritmo da vida do homem. Mas o mecanismo humano do hábito é alérgico a mudanças, pois vê perigo para si em tal movimento do fluxo da vida. Desse modo a mente do homem aliena-se da vívida corrente da vida. Ela começa a considerar a existência estagnada idêntica à segurança psicológica. Como pode uma mente assim imprimir qualquer novidade aos modos de ação de alguém?

Nossos padrões de comportamento podem quase ser previstos, não apenas por nós mesmos, mas pelos outros também. É a imprevisibilidade que empresta charme ao relacionamento humano. O comportamento de uma máquina pode ser previsto, mas não o de uma entidade viva. Mas se os nossos padrões de comportamento chegarem a um nível de previsibilidade, certamente que nossa vida não será melhor que a vida de uma máquina. O mecanismo mental do hábito nos trouxe a uma existência estagnada e mecânica de onde a alegria e o prazer estão para sempre banidos. Como combinar tradição e mudança em nossa vida psicológica? Uma tradição e uma mudança que estão mortas mal podem andar juntas; somente a tradição viva é que pode coexistir com a mudança. Separar o vivo do morto, e evitar que a tradição viva morra – isso, deveras, é o que se quer dizer por modificação do mecanismo do hábito. Estamos no momento preocupados a respeito da natureza da mudança. Voltaremos nossa atenção para isso quando discutirmos o tema da transformação da mente. Nossa preocupação no momento é cuidar para que as tradições de nossa vida psicológica permaneçam para sempre vivas – para que não morram. Só uma tradição viva é que pode conter mudanças que venham de fontes próximas e distantes. Somente assim pode algum frescor ser emprestado ao mecanismo do hábito e aos nossos modos de ação. Quando o cérebro recebe impulsos da mente oriundos dos centros de tradições vivas, e não dos de tradições mortas, as nossas ações físicas podem também demonstrar o dinamismo de uma vida pulsante, e não o embotamento das tradições mortas e dos hábitos mecânicos. Uma estrutura de tradições vivas serve como um vaso para receber os novos impulsos que surgem da mente transformada e transformadora. Criar tal estrutura exige modificações constantes no mecanismo do hábito. H.P. Blavatsky diz em *A Voz do Silêncio*:

> A mente é como um espelho,
> retém a poeira enquanto reflete.

É esse ajuntamento de poeira que imprime rigidez ao mecanismo mental do hábito. A pessoa tem que limpar essa poeira constantemente. É a isso que temos chamado de modificação do mecanismo do hábito. Isso tem que ser feito constantemente para que não haja ajuntamento de poeira, tal qual um espelho embotado na sua capacidade de refletir.

A questão é: como mudar os próprios hábitos de modo que o vaso das tradições vivas permaneça claro e límpido, pronto para receber os impulsos novos da vida? Quando os hábitos da mente mudam, ocorre naturalmente uma mudança nos padrões de comportamento da pessoa no nível físico. Na mudança de hábitos a pessoa normalmente emprega sua força de vontade, mas isso produz resistência e a conseqüente exaustão sem efetuar qualquer mudança nos seus padrões de hábito. Vimos no último capítulo que a função da vontade é dar ordens e instruções. Ela é a faculdade da mente que toma decisões e fornece as diretrizes quanto ao que deve ser feito, mas nada tem a ver com a realização das verdadeiras mudanças. Não faz parte do seu poder efetuar modificações nos hábitos nem nos modos físicos de ação.

Essa tarefa é executada pela imaginação por meio da faculdade criadora de imagens. A vontade não deve entrar no campo que pertence à construção de imagens. Se o fizer, está propensa a sentir-se humilhada. O Dr. J.J. Van der Leeuw diz no seu livro *Gods in Exile*:

> Quando M. Coure, na sua exposição que marcou época
> sobre o poder da imaginação, ou o poder criativo do pensa-

A Ciência da Meditação - 143

mento, disse que quando a vontade e a imaginação estão em guerra a imaginação sempre vence, ele estava certo.

Não é digno que a vontade entre em luta com a imaginação ou a faculdade criadora de imagens. Quando a imagem é formada corporificando a decisão da vontade, é a imagem que está em pleno comando da situação. As mudanças a serem efetuadas no mecanismo do hábito e por meio dele, nos padrões de comportamento, só podem ser feitas pela faculdade construtora de imagens e jamais pelo exercício da força de vontade, não importa quão forte ela possa ser. As seguintes palavras de J.J. Van der Leeuw irão nos ajudar a entender o problema da imaginação e da vontade com um pouco mais de clareza:

> Consideremos o exemplo de um homem ansiando por bebida. Ele sabe das misérias causadas por sua fraqueza, ele sabe como desperdiça seu salário e deixa a família passar fome e, em seus momentos de sanidade, determina-se a resistir. Então passa por um local na rua onde pode conseguir bebida, vê as pessoas entrando e saindo e talvez até mesmo sinta o cheiro da bebida. Até aquele momento ele está a salvo da tentação, a salvo da luta; mas o que acontece então? Naquela fração de segundo, ele imagina a si mesmo bebendo; cria uma imagem mental e por um momento vive e age naquela imagem mental de si mesmo desfrutando da bebida. Ele sente seu anelo sendo satisfeito, mas na verdade ele apenas incrementou e tornou a ação resultante quase inevitável. Então, tendo criado a imagem, ele tardiamente recorre à sua vontade e diz: "Eu não quero fazer isso". Mas já é tarde demais, a luta é praticamente inútil. Uma vez tendo sido criada a imagem pensamento, segue-se geralmente a sua transformação em ação.

Se a imagem-pensamento for fraca a pessoa pode suprimir uma ação particular, mas então a supressão traz à existência a luta e a conseqüente exaustão. A melhor coisa a fazer é evitar a formação da imagem mental, porque então a ação particular não irá materializar-se. Uma imagem forte é imediatamente transmitida ao cérebro. Quando alcança o cérebro, então a pessoa chega a um ponto de onde não há retorno. Sem qualquer demora o cérebro começa a trabalhar a imagem, uma vez que ela é a instrução que chega da mente. E o processamento da imagem pelo cérebro resulta invariavelmente naquele modo de ação que é indicado pela imagem. Sem o poder da vontade a imagem não pode ser chamada de volta quando já tiver alcançado as imediações do cérebro. O Dr. J.J. Van der Leeuw discute isso no seu livro, com uma ilustração de nossa vida comum nas seguintes palavras:

> Quando aprendemos a andar de bicicleta e, ao vermos uma árvore solitária no nosso caminho, apontamos de imediato para o obstáculo que certamente nos irá causar dor, nosso erro está em uma imaginação descontrolada; permitimo-nos imaginar que estamos indo de encontro a árvore, criamos uma imagem mental de nós mesmos fazendo isso e então fortalecemos a imagem pela emoção, que neste caso, é o medo. Então começamos a resistir...

Aqui o autor fala do dano que essá sendo causado pela imaginação descontrolada. O que significa isso? Pode a imaginação ser controlada? Em caso afirmativo, por quem e como? Certamente que não é o poder da vontade que pode controlar a imaginação. Uma vez tendo sido criada a imagem, ela não pode ser controlada pela vontade. Pode a imaginação ser controlada antes de ocorrer a construção da imagem?

Para entender esta questão da imaginação controlada e descontrolada, a pessoa deve examinar como funciona nosso mecanismo construtor de imagens. Com a maioria de nós o processo de construção de imagens é motivado por eventos, objetos ou acontecimentos externos. Vemos alguma coisa ou ouvimos algo e imediatamente uma imagem é formada. E por um processo de associação, a imagem é fortalecida. O estímulo para a imagem obviamente que provém da memória, com a qual os objetos e eventos têm associação. A memória estimula várias imagens e por uma associação ulterior elas são muito intensificadas. Mas a memória e suas associações são partes do mecanismo do hábito e, assim, as imagens que são estimuladas pela memória ao experienciar algo vindo do exterior são

A Ciência da Meditação - 145

imagens habituais. Elas permanecem armazenadas no mecanismo do hábito e são sustentadas pelos hábitos mentais. Essas é que são as imagens descontroladas. Elas não foram formadas pelo trabalho consciente da mente. Essas imagens são inconscientes ou habituais. E uma vez que a mente consciente não tem controle sobre elas, essas imagens carregam a mente com elas. É a isso que o *Bhagavad-Gita* faz referência no verso seguinte que aparece no Segundo Discurso:

> Ó filho de Kunti, os sentidos excitados até mesmo de um
> homem sábio . . . impetuosamente levam de roldão a sua mente.

As imagens descontroladas que emanam do mecanismo mental do hábito alcançam o cérebro e através dele os sentidos. Quando os sentidos ficam excitados devido ao impacto das imagens habituais ocorre o surgimento das ações físicas dando expressão aos impulsos daquelas imagens. No mecanismo do hábito as imagens são cada vez mais intensificadas devido à constante repetição. Sempre que alguém vê, ouve, ou experiencia alguma coisa com os outros sentidos, o cérebro envia uma mensagem à mente. Essa mensagem é arrebatada pela memória, resultando nas imagens habituais que são liberadas em resposta à intimação do cérebro. É um círculo vicioso entre os sentidos e o cérebro por um lado, e entre a memória e o mecanismo do hábito por outro. De um modo geral a mente não tem controle sobre essas imagens inconscientes ou habituais. Quando a memória psicológica é despertada devido às intimações do cérebro sobre as quais falamos, então ela age tão poderosamente que a mente consciente quase é mantida em segundo plano. É essa mente passiva que é levada de roldão pelo furioso ataque dos sentidos. É bastante óbvio que esse processo descontrolado de construção de imagens deve ser posto sob controle, pois de outro modo a pessoa permanecerá escrava delas, sentindo-se impotente sob o seu impacto.

Porém o processo descontrolado de construção de imagens não pode ser posto sob controle pela força de vontade. O controle só pode ser exercido por meio de um processo consciente de formação de imagens. Nossas imagens são comumente estimuladas do exterior. A iniciativa de construção de imagens não está conosco, mas com eventos e objetos externos. No processo controlado de construção de imagens, porém, a iniciativa vem do interior e não do exterior. Se a pessoa aprender a técnica de construção consciente de imagens, as imagens descontroladas deixarão de ter preponderância. Discutimos no último capítulo vários métodos pelos quais a construção consciente de imagens pode ser empreendida com grande sucesso.

Mas será que essas imagens mentais conscientes irão quebrar o encanto das imagens inconscientes, que ganharam impulso no decorrer de repetições durante vários anos? Uma simples imagem mental, mesmo que inconscientemente construída, é fraca demais para fazer frente às bem estabelecidas imagens habituais. A imagem mental tem de ser sobrecarregada de emoção, pois, somente então adquire vitalidade. Uma imagem mental deve ter clareza, mas é a emoção que lhe dá intensidade. Em uma imagem conscientemente criada deve haver pleno envolvimento tanto do pensamento quanto da emoção. A imagem nova à qual a emoção imprimiu grande vitalidade tem um tremendo poder contra o qual a imagem habitual não pode lutar. As imagens habituais têm o seu ímpeto devido à constante repetição, mas uma imagem nova tem a vitalidade de uma entidade viva, não de algo que é velho e que tem de ser enfraquecido pelos constantes açoites do exterior. Mas tanto o pensamento quanto a emoção devem ter o máximo de envolvimento com a imagem nova.

Dissemos no último capítulo que nosso problema é reter uma imagem que tenha sido conscientemente criada. A imagem parece escapulir de nossas mãos constantemente e, assim, jamais conseguimos retê-la. E a não ser que a retenhamos, não podemos dirigir o seu curso. Não somos capazes de reter nossas imagens porque elas são simplesmente imagens mentais sem qualquer conteúdo emocional. Uma simples imagem mental que é inerentemente fraca não pode resistir à força das imagens habituais, que desenvolveram seus próprios interesses estabelecidos. Elas seguem em frente com impulso à continuidade, e na simples imagem mental não há um tal impulso. E, assim, a não ser que a imagem mental esteja plenamente carregada de emoção não há qualquer chance de o homem livrar-se das compulsões das imagens descontroladas.

Essa falta de conteúdo emocional nas nossas imagens mentais é que é a causa de distrações nas práticas meditativas comuns. Nossas imagens mentais com as quais começamos nossa meditação não têm

A Ciência da Meditação - 147

conteúdo emocional, ou se o têm é muito pouco. Mas o conteúdo emocional só pode surgir se a pessoa estiver intrinsecamente interessada no objeto escolhido para meditação. Se o próprio objeto não nos interessa, então como pode a pessoa introduzir-lhe um conteúdo emocional? E, assim, as imagens conscientemente construídas devem ser suficientemente interessantes para que nelas estejamos primariamente interessados. Será fácil construir tais imagens e também lhes introduzir intensidade emocional. Podemos reter imagens facilmente quando elas são claras e ao mesmo tempo intensas. Em outras palavras, não existe dificuldade na retenção de imagens se houver pleno envolvimento do pensamento e da emoção. Vimos a técnica de construção consciente de imagens a partir do objeto que é inerte para as altamente complexas situações humanas. De uma maneira geral o conteúdo emocional virá das situações humanas. Mas a imagem consciente dessa natureza só será possível se tivermos tido experiências com os estágios iniciais de construção de imagens. A iniciativa para tal construção de imagens não deve repousar nos objetos ou eventos externos. A iniciativa deve estar conosco para que as imagens sejam criadas no interior e não motivadas do exterior. Essas imagens conscientemente criadas contendo poderoso conteúdo emocional irão causar a ruptura na cidadela das imagens habituais, ou seja, o próprio mecanismo do hábito. Ele pode não ser destruído na primeira investida, mas com certeza irá desintegrar-se quando as imagens conscientemente criadas, com poderoso conteúdo emocional, iniciarem seu próprio funcionamento. Vimos que há duas condições que precisam ser preenchidas para a retenção de imagens. Primeira, elas devem estar emocionalmente carregadas e, segunda, elas devem surgir do interior e não do exterior. A pessoa pode escolher o seu próprio objeto de interesse intrínseco e engajar-se na tarefa da construção da imagem.

Alguém pode dizer que supondo que o objeto de interesse seja mundano, como se pode começar a meditação com tais coisas mundanas? Para a meditação, o objeto não é de tão grande importância, porque qualquer que seja o objeto que a pessoa escolha para meditação, ele tem de ser abandonado, uma vez que nos recintos interiores da meditação não se permite a entrada de qualquer objeto. Todos os objetos, mesmo os mais nobres, devem ser deixados para trás, pois antes que a pessoa entre no santuário interno da meditação ela tem que estar despida de

---

148 - Rohit Mehta

tudo, de todos os metais e coisas valiosas, não tanto no sentido físico como no sentido psicológico.

Alguém pode perguntar: o que farão as imagens recém-criadas contendo intensidade emocional? Como serão mudados nossos padrões de comportamento? Como irão tais imagens nos livrar dos modos habituais de ação? O nosso problema não é apenas criar e reter imagens mentais. Nossa preocupação é ver como elas podem tornar-se eficazes onde o exercício da força de vontade pareça falhar. Reter imagens de objetos nos quais estamos primariamente interessados deveria ser assunto de prazer, e não de dor. Tais imagens, carregadas de emoção, são prazerosas, e o próprio prazer irá conduzir à liberação da energia mental. E, assim, essas imagens mentais conscientemente criadas terão dinamismo como as imagens habituais jamais podem ter. Desnecessário dizer que essas imagens tremendamente sobrecarregadas irão tocar o cérebro com um grande impacto. Quando isso acontece o cérebro põe o sistema nervoso em alerta de modo que ambos comecem a tratar o impacto como um acontecimento físico real. O impacto da imagem habitual jamais pode ser tão poderoso quanto essas vigorosas imagens conscientemente criadas com conteúdo emocional de grande energia.

Um fator que precisa ser notado é que essas imagens conscientemente criadas devem chegar ao cérebro sem dissipação de energia. O processo de dissipação de energia não deve começar, pois de outro modo as imagens irão perder sua vitalidade. Isso só é possível quando a mente retém a imagem, mas não se curva a ela. Com a indulgência a energia logo se dissipará, tendo como resultado que o seu impacto sobre o cérebro será muito débil. Na indulgência não é a mente que retém a imagem; é a imagem que retém a mente. Em tal condição a mente não pode dirigir o fluxo de energia da imagem. A mente deve reter a imagem de tal maneira que possa liberar o seu domínio sobre ela imediatamente. É possível reter-se uma imagem dessa natureza por qualquer extensão de tempo e sem qualquer dificuldade devido ao envolvimento do princípio do prazer. Todavia o princípio do prazer não deve mover-se na direção da indulgência. Isso é o que diz o *Vijñana Bhairava* no sutra seguinte que também citamos anteriormente:

> Mantenha-te atento ao fogo no seu início e, assim, continuando, evita as cinzas no final.

A Ciência da Meditação - 149

Essas imagens mentais com o envolvimento do pensamento-emo-ção devem ser fortes, vívidas e tridimensionais com tantos detalhes quanto se lhes possa projetar. As imagens não devem ser insípidas, mas tão fiéis quanto possíveis às coisas e aos seres vivos. Quando retiver a imagem, a pessoa deve ter o sentimento de que está retendo algo que está de fato à sua frente.

Mas o que fazer com essas imagens retidas? Elas devem ser passadas para o cérebro para que haja a ação e a implementação necessárias. Não é o cérebro que deve arrebatar a imagem, a mente é que deve entregar-lhe a imagem. Quanto mais vívida e detalhada for a imagem, mais perfeita sua tradução em modo de ação e padrões de comportamento. A retenção da imagem é o ponto a partir de onde a senda bifurca como dissemos no capítulo anterior. Daqui uma corrente segue em direção à comunhão e a outra em direção à comunicação. No momento estamos preocupados com a comunicação e, assim, devemos ver a senda à medida que ela se volta para nós. Como a retenção da imagem e a sua subseqüente passagem para o cérebro nos ajuda a lidar com os problemas da comunicação?

Nesta discussão estamos preocupados principalmente com os nossos padrões de comportamento, afastando-nos dos modos habituais de ação para novos e vigorosos padrões de comportamento. E, assim, a imagem que é conscientemente criada e retida sem indulgência seria o novo padrão de comportamento que desejamos atualizar no nível físico. Se o atual padrão de comportamento de alguém demonstra nervosismo quando requisitado a fazer certas coisas, então que haja uma imagem clara, vívida e tridimensional onde a pessoa se veja atuando sem o menor traço de nervosismo. Que essa imagem seja tão clara e vívida quanto possível. Um dos pontos importantes a se ter em mente é que a imagem deve ser da coisa desejada acontecendo no presente, e não desejando que ela possa acontecer no futuro. A pessoa deve ver a si mesma naquela imagem comportando-se de uma maneira nova em uma variedade de circunstâncias. Se a pessoa introduz o elemento de futuro, isso então implica no uso da força de vontade para efetivar as mudanças desejadas. Ao cérebro devem chegar impressões de que certas coisas estão acontecendo no presente, pois, somente assim, ele, ao longo do sistema nervoso, as vê como evento presente. Aquilo que é imaginado só se torna real quando o tempo presente é introduzido na construção da imagem.

Alguém pode fazer uma imagem vívida e tridimensional de qualquer coisa que deseje traduzir em modos físicos de ação. Trabalha essa imagem de modo que não haja tensão na retenção da mesma. A retenção deve ser no estado de relaxamento e, todavia, intensa. É em tal estado de mente que a imagem pode ser passada ao cérebro. Essa passagem não é uma cerimônia especial. Quando o controle da mente sobre a imagem é liberado, o cérebro assume – aliás, o cérebro está pronto para assumir por causa da clareza e intensidade que foram imprimidas a essa imagem. Para o cérebro a imagem é idêntica ao acontecimento físico real e, assim, ele é ativado para processá-la em ação física apropriada.

Alguém pode perguntar: como o cérebro faz isso? Alguns de nós às vezes empregamos a técnica de imagem. Mas muito freqüentemente introduzimos o elemento de futuro nesta técnica. E, assim, com a imagem surge a determinação de dizer a nós mesmos que no futuro iremos agir da maneira indicada pela imagem. Mas o cérebro age em termos do presente e jamais no contexto do futuro. Não somente a imagem tem que estar no contexto do presente, ela também tem que ser uma imagem positiva e não negativa. Se a pessoa está preocupada em mudar o seu padrão de comportamento é necessário que ela faça uma imagem positiva na qual veja a si mesma comportando-se daquela maneira. A imagem não deve ser apenas vívida, como deve conter tantos pequenos detalhes quanto possível e, acima de tudo, deve ser uma imagem viva, em termos não do futuro, mas do presente. Essa imagem positiva deve conter um sentimento de prazer e não de compulsão. A pessoa deve ver a si mesma naquela imagem desfrutando o novo modo de comportamento. É esse fator de gozo que irá dar vitalidade suplementar à imagem. Sob o impacto da imagem o cérebro sentir-se-á motivado pelo prazer e não pela compulsão ou pela dor. Vimos nos capítulos anteriores que esse sentimento de prazer dá ao cérebro um aumento de energia. Alguém pode perguntar: de que forma o cérebro efetua uma mudança de comportamento como a que é desejada? Devemos entender o papel de três instrumentos de nossa consciência. A vontade fornece a direção; ela indica qual deve ser o novo padrão de comportamento. Com base nessa

A Ciência da Meditação - 151

instrução, a faculdade de construção de imagens prepara um plano detalhado. No caso presente é um plano tridimensional, e alguém poderia dizer que é um modelo baseado no ordenamento da vontade. Então esse modelo ou plano é passado para o engenheiro, o cérebro. O cérebro inicia a construção segundo as linhas do plano ou modelo. Essas três faculdades devem confinar suas atividades às suas respectivas esferas, e não invadir a esfera das outras. Se isso for feito, então todo o processo move-se de modo eficiente e suave.

O cérebro é como um computador, muitíssimo mais complexo do que qualquer computador inventado pela ciência tecnológica moderna. E como qualquer outro computador ele só pode funcionar eficientemente quando apropriadamente alimentado. Se não for alimentado corretamente, então não pode dar a solução correta para nenhum problema que lhe seja apresentado. A alimentação do cérebro é feita pelas duas extremidades. Uma é a extremidade sensorial, e a outra a extremidade da mente. Discutimos como, quando as experiências sensoriais não são interrompidas pela entrada do pensamento, o cérebro recebe relatórios claros e não distorcidos dos vários sentidos. Essa é a alimentação correta do cérebro por meio do canal sensorial. Mas a alimentação do computador, que é o cérebro, ocorre a partir da mente. Isso é feito por meio de imagens. Se as imagens mentais são claras, vívidas e intensamente vivas, o cérebro é ativado de maneira quase tão eficaz, senão até mais, do que o seria sob os impactos sensoriais. Espera-se que o computador resolva os problemas que lhe são apresentados. Ele tem que ser alimentado com problemas que sejam correta e claramente formulados. É função da vontade formular o problema, ao longo de cuja direção ela quer que surjam os novos padrões de comportamento. A instrução clara dada pelo poder na vontade é a formulação do problema. É a faculdade construtora de imagens que dá forma e feitio a esse problema em termos de imagens claramente construídas. Quando essas imagens são sobrecarregadas de emoção, elas estão prontas para serem passadas ao agente cerebral que faz a computação. E como um bom computador, o cérebro desenvolve a solução em termos de novos padrões de comportamento.

Muitos de nós temos experimentado inconscientemente a questão da formação de novos hábitos. Por exemplo, se a pessoa é habituada a se levantar tarde, e quer desenvolver um novo hábito de se levantar cedo, ela resolve com decisão, antes de ir para a cama, que está determinada a se levantar cedo na manhã seguinte, aconteça o que acontecer. O resultado dessa firme determinação é que nos levantamos cedo, mas sem termos dormido um sono reparador. Levantamos várias vezes durante a noite para olhar o relógio, para não perdermos a hora. Esse constante olhar o relógio deve nos causar distúrbios durante o sono. Somos incapazes de continuar com essa resolução por muito tempo e, assim, desistimos do esforço, ou se continuarmos permaneceremos em um estado de perpétua tensão devido ao sono insuficiente. Em vez de usar a força de vontade, deve-se criar uma imagem forte e vívida onde a pessoa veja a si mesma levantando-se cedo e sentindo-se alegre com isso. Nessa imagem a pessoa ouve o canto dos pássaros e é capaz de inspirar o ar fresco da manhã. Se tal imagem, vívida e clara, for feita com o maior número de detalhes que se lhe possam inserir, então em poucos dias a pessoa será capaz de se levantar cedo, naturalmente e sem esforço. A imagem cria um novo modo de ação, apagando os traços do hábito antigo. É preciso lembrar que o acontecimento imaginado deve estar no presente, e a pessoa deve ver a si mesma desfrutando o novo modo de comportamento. A imagem a ser passada ao cérebro deve conter esse fator de prazer e gozo.

Assim como o cérebro desperta sem estarmos sendo sujeitos a noites insones, como descrito no exemplo acima, a pessoa pode experimentar com vários hábitos aos quais seja viciada e dos quais esteja lutando para se libertar. Tal hábito pode ser o de fumar ou de beber, ou qualquer outro. Ela irá descobrir que com a técnica da construção de imagens pode libertar-se do velho hábito em um instante e sem luta. Se for o hábito de fumar, então ela pode construir uma forte imagem do seu novo comportamento e ver a si mesma desfrutando o novo modo de vida. Pode imaginar-se em meio a fumantes e, ainda assim, achar-se desfrutando do seu novo papel, sem estar sentindo qualquer instigação para fumar novamente. Dissemos que a imagem deve ser positiva, e não uma imagem na qual nos vejamos engajados em combater o velho hábito. Quanto mais se resiste ao hábito velho, mais forte ele se torna. Ele deve ser deixado só até murchar, e irá secar quando não lhe for dado nenhum alimento. Com uma imagem positiva, exuberante e vívida a pessoa deve continuar ativando o cérebro ao longo de novas linhas de padrões de comportamento.

A Ciência da Meditação - 153

Mas ela não deve esquecer que os novos modos de comportamento podem também se tornar centros de mecanismos de novos hábitos. Se isso acontecer, então estaremos presos a um outro modo de viver que é monótono, rançoso e mecânico. Com referência aos hábitos não existe a questão de bom ou de mau. Podem existir hábitos novos e velhos, mas não existe nada de bom ou de ruim a respeito deles. Todo hábito causa constrição ao viver vigoroso e natural. E, assim, também os novos hábitos devem seguir o mesmo caminho dos hábitos antigos. J. Krishnamurti diz nos seus *Commentaries on Living* (Terceira Série):

> O cultivo do hábito, por melhor e respeitável que seja,
> só torna a mente obtusa.

E, assim, os novos modos de ação iniciados pelas imagens vívidas e claras podem também se tornar hábitos novos e, desta forma, no lugar do velho mecanismo dos hábitos, a pessoa pode trazer à existência um novo mecanismo. Se isso acontecer, então a mente irá mais uma vez degenerar-se em embotamento e passividade. Ter o mecanismo construtor de imagens funcionando da maneira mais eficiente e, todavia, sem lhe permitir trazer à existência o mecanismo do hábito – isso é o que é mais imperativo, se o homem não quiser mudar de uma área pobre da mente para outra.

Como pode alguém evitar que isso aconteça? Pode haver rotina sem que essa rotina se torne um hábito? Deve haver e haverá rotina na vida, pois ela evita o desperdício de tempo e de energia. A rotina é um modo particular de comportamento. Mas um modo de ação possui sua estrutura e seu espírito; possui uma forma de conduta e um conteúdo vivificador. A forma e a estrutura precisam ser mudadas de tempos em tempos, pois de outro modo tendem a tornar-se rígidas e não responsivas. Estabelecer novas rotinas e revigorados modos de ação é necessário para um viver saudável. É assim que o mecanismo do hábito é afrouxado. É possível romper a rigidez do mecanismo do hábito por meio da construção consciente de imagens.

Mas toda ação tem sua estrutura e seu espírito. É bom manter os modos de ação fluidos e flexíveis, para que possam ser capazes de expressar até mesmo as nuanças sutis enviadas pela mente. Porém, se as novas formas e estruturas não estiverem imbuídas do novo espírito, então estaremos testemunhando o fenômeno do vinho velho em odres novos. É necessário que haja odres novos, mas é também imperativo que o vinho novo seja despejado neles. Mas de onde virá esse vinho novo? A mente funciona a partir dos seus recessos de gostos e aversões e, portanto, o que ela despeja está colorido por essas tendências. Ela é capaz de dar início a formas novas, mas é incapaz de inspirar um novo espírito. Ela se move ao longo da senda das modificações, mas jamais sabe o que é uma mudança. Ela funciona no plano da continuidade, e daí pode mover-se para a continuidade modificada. Mas jamais sabe o que é a experiência da descontinuidade. E, todavia, o vinho novo surge somente nos momentos de descontinuidade. A mente envolvida no rígido mecanismo do hábito é prisioneira da continuidade. Através da construção consciente de imagens, a mente pode começar a funcionar no novo reino da continuidade modificada. E é isso que estivemos discutindo nestas páginas. Através da continuidade modificada novas formas e estruturas de comportamento vêm à existência. E isso é necessário porque somente assim podem surgir as formas e organizações flexíveis e fluidas. Essas formas fluidas serão capazes de receber os impulsos novos quando esses chegarem. Se houver a presença de formas rígidas, então o impulso novo não terá onde entrar. A pessoa não sabe qual será a natureza do impulso novo. Mas se mantiver formas e estruturas em uma condição flexível e fluida, então qualquer que seja a natureza do impulso novo ela será capaz de usá-las e moldá-las para satisfazer seus propósitos. Se os nossos modos de ação e comportamento tornaram-se rígidos e indiferentes, então eles não servirão ao impulso novo. Isso ocorre tanto no nível individual quanto no nível coletivo. Se por meio de uma constante e consciente construção de imagens a pessoa inicia as modificações nas formas e estruturas de modo que nenhuma forma particular torne-se rígida, então essas formas irão tornar-se vasilhames adequados para receber o vinho novo.

Chegamos à questão da bifurcação na nossa jornada espiritual. Com a criação e retenção das imagens conscientemente formadas, chegamos a um ponto onde uma estrada nos leva aos campos e às planícies da comunicação, enquanto a outra nos leva aos píncaros da comunhão. Até o ponto da retenção da imagem da forma-pensamento a estrada é co-

A Ciência da Meditação - 155

mum. A partir daqui as imagens conscientemente criadas são passadas ao cérebro para dar início a novos padrões de comportamento e de ação baseados nessas imagens. As imagens são postas aos cuidados do cérebro-computador levando-o a encontrar soluções para os problemas de ação e comportamento apropriados às necessidades da situação. Uma vez que as imagens tenham sido passadas adiante, a pessoa não deve interferir com o funcionamento do computador. Deve esquecer tudo sobre ele, pois se a pessoa interferir com o funcionamento do computador, isto é, o cérebro, haverá confusão e caos. Quando se planta uma semente no solo, não se fica remexendo o solo repetidamente para ver se a semente já brotou ou não. A semente é cuidada pelo solo. De modo semelhante, uma vez que o problema, sob a forma de uma imagem recém-construída, tenha sido passado para o cérebro, deve ser deixado ao cérebro o trabalho de descobrir quando e como a solução será dada. Não resta dúvida de que a solução virá. E quando o cérebro estiver grandemente energizado devido ao fluxo da energia de *Kundalini*, ele estará pronto a nos dar uma resposta tão rapidamente quanto possível. Mas o cérebro deve ser deixado livre para elaborar a solução. O cérebro irá desenvolver os canais de comunicação necessários, isto é, os padrões de comportamento necessários no contexto do problema apresentado pela imagem. A partir da retenção das imagens emocionalmente carregadas começa essa estrada para a comunicação. Mas a partir deste mesmo ponto, outra estrada leva ao topo da montanha da comunhão.

Muito embora o mecanismo construtor de imagens funcione no nível consciente, a qualidade da mente permanece inalterada. E, assim, as imagens conscientemente construídas carregam somente os ditames da mente velha. As decisões e diretrizes sobre as quais o mecanismo de construção de imagens funciona são os da mente velha. Tais decisões estão condicionadas pelo pano de fundo da mente, seus gostos e aversões. E, assim, enquanto as formas e estruturas de comportamento realmente sofrem mudança, o espírito que as inspira é aquele que emana da mente velha. Uma simples mudança estrutural não será suficiente, tem que haver uma mudança fundamental no espírito que deve inspirar as formas novas.

Mas para isso devemos mover-nos ao longo da trilha da montanha que leva à comunhão. São nos momentos de comunhão que ocorre uma transformação fundamental da mente. Quando isso acontece, a mente fica imbuída de uma qualidade nova. Quando a qualidade nova inspira as formas novas, então existe vinho novo em odres novos. A partir da qualidade nova da mente irão emergir novas imagens dinâmicas que trarão um espírito inteiramente novo aos modos e padrões de comportamento do homem no nível físico.

Alguém pode perguntar: a pessoa carrega consigo ou deixa para trás as imagens que criou e reteve com fervor emocional nesta trilha da montanha da comunhão? Se elas têm de ser deixadas para trás, então por que se deve retê-las? Na senda da montanha a pessoa de fato transporta as imagens, mas com um propósito diferente. Ao longo da trilha de comunicação as imagens são transmitidas ao cérebro, aliás, o cérebro fica cheio delas. Mas ao longo da trilha da comunhão as imagens são esvaziadas de seu conteúdo. O primeiro é um processo de enchimento, o outro é um processo de esvaziamento. Ambos são necessários para a totalidade da senda espiritual. Mas após a experiência da comunhão, serão ainda necessários? Se não são, qual é o propósito de se construir o mecanismo de imagens com tanto trabalho e esforço? Mesmo após a experiência da comunhão, as imagens são necessárias, pois o meio de comunicação é apenas através de imagens. Após a comunhão deve haver imagens, por assim dizer, de momento a momento. Tais imagens têm uma existência momentânea, pois todo momento, isto é, todo momento psicológico, vê o surgimento de novas imagens. Tão grande é o dinamismo gerado pela experiência da comunhão que a sua comunicação demanda uma imagem nova. Por isso, o mecanismo de imagens tem de estar extraordinariamente alerta, para que crie imagens novas sob o impacto dos impulsos novos que chegam da experiência da comunhão. As imagens velhas não têm qualquer utilidade neste ato de comunicação.

Se assim é, a mente velha deve morrer para que a mente nova venha à existência. Isso acontece porque a experiência da meditação demanda a morte da mente velha. Mas se a mente velha morrer, o que dizer das experiências e habilidades que assimilou? Não servem para nada? J. Krishnamurti no seu livro *The Flight of the Eagle* diz:

A águia quando voa não deixa rastro, o cientista deixa.
Para a inquirição sobre esta questão da liberdade, deve haver

não apenas observação científica, mas também o vôo da águia que não deixa rastro.

A morte da mente velha não significa o apagar de todas as técnicas que aprendeu. Significa privar a mente velha de todo o seu conteúdo. A técnica da mente velha com o conteúdo da mente nova – é o que é indicado na passagem acima de J. Krishnamurti. E, assim, a técnica de construção de imagens deve permanecer em toda sua perfeição, mas o conteúdo deve ser totalmente esvaziado. Quando isso acontece então o mecanismo de construção de imagens fica imbuído de novo conteúdo de momento a momento. Esse novo impulso não é o produto da mente velha; ele chega no momento de sua morte. É o conteúdo da mente nova que é despejado nos vasos criados pela técnica da construção de imagens. Quando o cérebro recebe as imagens vívidas e claras que lhe são transmitidas, ele trabalha os novos padrões de comportamento para permitir que estas estruturas sejam imbuídas do vigoroso espírito de comunhão. Então os modos de ação não são novos apenas na forma, mas também em espírito. Há uma nova qualidade nos padrões de comportamento no nível físico. As imagens sempre vigorosas evitam, com o seu funcionamento, que o rígido mecanismo do hábito venha à existência. Toda imagem é nova e, assim, todo modo de ação é novo. Sua técnica é a colheita da mente velha. Isso não é rejeitado, mas a cintilante mensagem da mente nova é despejada na técnica da mente velha.

Como combinar o vôo da águia com a técnica do cientista? Como se mover ao longo da senda da montanha da comunhão, levando as imagens conscientemente criadas com todo seu conteúdo emocional, e ainda assim esvaziá-las? O que acontece quando as imagens são esvaziadas? Qual será então o ponto de encontro entre comunhão e comunicação? Estas são as questões que nos levam ao limiar da transformação da mente, a cruz e a espada, o segredo e o mistério da meditação.

CAPÍTULO 14

O TRANSBORDAR DA NATUREZA

Há um princípio fundamental em educação que diz que em qualquer processo educativo a pessoa deve mover-se do conhecido para o desconhecido, do próximo para o distante. É esse princípio que temos adotado na nossa discussão do tema da meditação nestas páginas. Passamos do que está perto para o que está longe. Para nós o corpo e o cérebro são os mais próximos. Para uma vida fisicamente sadia, o cérebro tem de ser muito eficiente. Além disso, nesta era de movimento rápido em todas as esferas da vida, a questão de ajustamento e adaptação assumiu um lugar de grande importância. E para nós no plano físico, o cérebro é o único instrumento de ajustamento. É por causa disso que começamos nossa discussão com o cérebro, seu relaxamento, seu potencial de trabalho, sua regularidade e também seus canais de comunicação. Foi neste contexto que examinamos a questão do despertar da *Kundalini* de uma maneira espontânea, utilizando para esse propósito o funcionamento do princípio do prazer. Vimos que o potencial do cérebro pode ser enormemente incrementado pelo despertar espontâneo da *Kundalini*.

A discussão do problema da comunicação com relação ao cérebro nos trouxe ao limiar da mente. Espera-se que o cérebro canalize as intimações da mente para transmiti-las de maneira eficiente em termos de padrões de comportamento e modos de ação apropriados. Vimos que a mente comunica-se com o cérebro por meio da linguagem das imagens e, assim, na modificação dos padrões de comportamento, é a faculdade mental construtora de imagens que tem de funcionar com grande eficiência. Quando as imagens conscientemente construídas são fortes, vívidas e intensamente vivas, então o cérebro e o sistema nervoso as consideram como acontecimentos reais. O cérebro imediatamente trabalha sobre elas para traduzi-las em modos de ação adequados. Vimos que não é pelo exercício da força de vontade, mas pela transmissão de imagens vívidas que se consegue efetuar modificações nos padrões de comportamento.

A Ciência da Meditação - **159**

É necessário mencionar que não estamos sugerindo que com a transmissão de imagens possamos construir virtude após virtude em nosso caráter. As imagens construídas pela mente têm o mesmo conteúdo que a mente adquiriu ao longo do tempo. Se existe ira, avidez ou ambição na constituição da mente, quaisquer que sejam as imagens que ela construa estarão fadadas a conter essas tendências. Pela simples construção e transmissão de imagens para o cérebro a pessoa não consegue libertar a mente dessas tendências. Não se pode transmudar ódio em amor por meio da construção de imagens. O que a construção de imagens pode fazer é alterar os padrões de expressão dessas tendências. Alguém pode ser extremamente arrogante por natureza, e pode estar acostumado a expressar essa arrogância de uma maneira extremamente desagradável, agindo de maneira rude e abrupta. Isso pode criar dificuldades para ele, e muito aborrecimento para os outros. Não se pode mudar esse traço de expressão pelo uso da vontade. Mas pode-se mudá-lo pela construção de imagens vívidas e fortes, transmitindo-se essas imagens ao cérebro. A pessoa não se livra da arrogância, mas pode expressar-se de uma maneira menos desagradável e abrupta, demonstrando um certo amadurecimento e ternura no seu comportamento. O ódio não pode se transmudado em amor nem pela força de vontade nem pela construção de imagens. Mas pela construção de imagens os modos de expressão do ódio podem ser modificados de modo que a pessoa não seja cruel e tenha consideração para com os sentimentos dos outros. E assim, pela construção de imagens, o que se busca mudar é o padrão de comportamento. O conteúdo que surge da mente condicionada é o mesmo, mas o modo de expressar esse conteúdo pode ser alterado para que a pessoa não provoque os outros com seu comportamento. Além disso, a pessoa pode efetuar modificações nos seus hábitos em grande medida pela técnica de construção de imagens. Esse é um caminho de modificação, não de transformação fundamental. E a maioria das pessoas gostaria de voltar-se às modificações antes de empreender a árdua jornada que leva à transformação fundamental. Ademais, essa técnica de construção de imagem nos permite criar modos de ação fluidos e flexíveis que podem tornar-se vasilhames adequados para o recebimento dos impulsos novos como e quando chegarem. A técnica de construção de imagens permite que a pessoa apresente suas idéias sob novas formas e padrões. O conteúdo é o mesmo, mas a apresentação é diferente. A pessoa pode compreender as possibilidades assim como as limitações dessa técnica de construção de imagens por meio das seguintes palavras do grande poeta místico Rabindra Nath Tagore, que se dirigindo a um de seus discípulos em um de seus poemas, diz:

Discípulo, pediram-te para afinar o instrumento, quem te pediu para cantar?

Pediram-te para esculpir um trono com toda a tua habilidade, mas quem te pediu para ocupar o trono?

A mente, utilizando a técnica de construção de imagens, pode afinar o instrumento, mas não pode cantar. A canção da mente não será melhor que uma cacofonia, pois ela não pode estar senão cheia de dissonância e desarmonia. A mente condicionada, com todos os seus conflitos, jamais poderá cantar uma canção que possa ser agradável aos ouvidos. Mas a faculdade construtora de imagens pode fazer a afinação do instrumento, ou pode, com engenhosidade e habilidade, esculpir um belo trono. Mas se ela ocupar esse mesmo trono, então haverá caos e anarquia no reino que governa. Manter o instrumento afinado e intocado e o trono habilidosamente esculpido desocupado, é isso que nos diz o que a técnica construtora de imagem pode fazer, e o que ela não pode e não deve fazer. A mente, por meio dessa técnica, pode forjar belas formas, mas não lhes pode inserir seu feio conteúdo. As novas formas e modos de comportamento devem estar prontos para receber o conteúdo que pode vir de além da mente. As portas da casa devem ser mantidas abertas para que o Visitante Divino não vá embora, ao encontrar portas e janelas fechadas. São os novos padrões de comportamento, sempre revigorados, devido às imagens conscientemente criadas e imbuídas de vitalidade, que servirão como portas abertas, pois serão flexíveis e fluidos, prontos para receber o Visitante Divino de onde quer que Ele escolha vir. Tratamos da questão dos novos padrões de comportamento que vêm à existência devido ao impacto de imagens vigorosas, fortes e vitais, sobre o cérebro grandemente energizado com a força de *Kundalini* liberada de modo espontâneo. Mas a questão é: o que dizer do novo conteúdo, o vinho novo para os odres novos?

O conteúdo novo não pode ser dado à mente velha, condicionada como está pelo pano de fundo de um passado de mil dias. O conteúdo velho deve ser descartado antes que o novo possa chegar. Deve-se esvaziar a mente do seu conteúdo muito embora ela preserve sua habilidade e técnica. Dizer que o conteúdo velho deve ser descartado é indicar que a mente velha deve morrer. O poeta Tagore, no seu livro intitulado *Stray Birds*, dá voz ao sentimento de um aspirante espiritual quando diz:

> Liberte-me do meu passado não realizado,
> que me agarra por detrás, tornando difícil a morte.

É o passado psicológico não realizado que constitui o conteúdo da mente velha. E é isso que agarra por detrás e não permite que a mente seja esvaziada do passado. O tempo inteiro o passado projeta-se e, assim, mesmo quando novos padrões de comportamento tenham sido moldados pelo cérebro sob o impacto de imagens vitais e vigorosas, é o conteúdo do passado não realizado que continua a habitá-los. Conquanto as novas formas sejam necessárias, o problema de conteúdo não pode permanecer intocado. A pessoa pode trazer brandura aos padrões e modos de ação que de outro modo seriam ásperos, através da técnica de imagens, mas o conteúdo velho está propenso a dar o ar da graça mais cedo ou mais tarde. O que o conteúdo velho faz, mesmo com as formas novas, foi dito de maneira bela pelo poeta Tagore. Ele diz:

> Não diga "É manhã" e a despeça com um nome de ontem.
> Veja-a pela primeira vez, como um recém-nascido sem nome.

O conteúdo velho corrompe as formas novas com seu processo de nomear. Ele usa os padrões novos como um depósito para os nomes velhos. E um nome contém todo o passado psicológico não realizado. Quando a mente velha nomeia o que entra nas formas novas, então o passado começa a poluir os novos padrões de vida. Construir os novos e vigorosos padrões e, ainda assim, não permitir que sejam poluídos pelo toque do conteúdo velho – é isso que se exige do aspirante espiritual.

Que deixe a estrada para a comunicação prosseguir e levar as imagens, construídas conscientemente pelo pensamento e vitalizadas pela emoção. Deixemos o aspirante espiritual abençoar a jornada das imagens à medida que se deslocam ao longo da senda para o cumprimento da missão de que foram incumbidas – o forjamento de novos modos de comportamento e de ação. Mas o peregrino espiritual deve mover-se ao longo do caminho da montanha em busca do conteúdo novo com o qual deve inspirar as novas formas que a técnica de imagens fará surgir. A pessoa só pode mover-se ao longo da senda da montanha ao abandonar o próprio fardo. Ela não pode mover-se com toda a carga pela trilha íngreme, pois isso a faria perder o fôlego. As imagens que se deslocam ao longo da senda da comunicação carregam consigo os desenhos e modelos de novos padrões de comportamento. Quando o aspirante espiritual move-se ao longo da difícil senda da montanha com a carga pesada do conteúdo velho, ele compreende que deve tornar-se mais leve, para que a escalada se torne mais fácil. O conteúdo velho tem de ser levado para cima porque só assim pode ser esvaziado. O processo de se tornar cada vez mais leve resulta, no final das contas, no completo esvaziamento da imagem na qual o conteúdo velho tinha sido conduzido.

Antes de prosseguir ao longo desta estrada, devemos lembrar que qualquer modificação nos hábitos acontece dentro do campo do conteúdo velho. E, assim, por esse processo de modificação há uma mudança de estrutura, mas não de conteúdo. A modificação do hábito é feita com o consentimento da mente e, certamente, a mente jamais dará o seu consentimento para sua própria sentença de morte. A técnica de construção de imagens funciona no nível estrutural de modo que novos padrões de comportamento possam vir à existência. Esses modos de ação têm a possibilidade de, por sua vez, tornarem-se novos hábitos onde a forma é diferente, mas o conteúdo é o mesmo. Pode-se evitar que esses hábitos novos surjam se as formas estiverem constantemente impregnadas com impulsos novos. Mas se esses impulsos não vêm, ficaremos presos novamente nas compulsões dos hábitos novos. A função da construção consciente de imagens é fazer surgir formas novas para que a rigidez estrutural do hábito seja removida e possam surgir modos de comportamento fluidos e maleáveis. Mas se a pessoa estiver satisfeita com as simples modificações no hábito, então ela ja-

A Ciência da Meditação - **163**

mais conhecerá a alegria do viver criativo. O vinho esotérico deve ser despejado nas formas exotéricas, pois de outro modo as formas modificadas logo irão degenerar em estruturas de expressão duras e rígidas. Assim como a revitalização do cérebro não é suficiente em si mesma, do mesmo modo a modificação dos hábitos não é o fim da jornada. A essa deve seguir-se a transformação da mente. Uma nova qualidade de mente deve surgir, pois somente assim as formas modificadas serão inspiradas por um impulso novo, tornando a vida significativa tanto estrutural quanto espiritualmente.

No processo de modificação do hábito enquanto as formas de expressão do hábito modificam-se, o anelo da mente permanece. O anelo é o conteúdo da mente, é o passado não realizado clamando por realização. O anelo é o centro em torno do qual serão formados novos círculos de hábitos. Aqui os objetos para o preenchimento do hábito podem ser diferentes, mas o velho anelo continua. Todas as modificações existem dentro do pano de fundo contínuo da mente. As imagens conscientemente construídas quebram a monotonia do hábito, mas não o seu anelo. Ora, as formas do hábito podem ser mudadas pelo esforço da pessoa, mas o anelo não pode ser eliminado pelo esforço humano. Não é pela força de vontade que o anelo pode ser apagado, nem isso pode ser feito pelo mecanismo de construção consciente de imagens. Como diz o *Bhagavad-Gita*:

> Os objetos viram as costas quando se lhes é negada nutrição, mas ainda assim o paladar ou anelo permanece; até mesmo o anelo é dissolvido quando o Supremo é visto.

Nesse verso *Visaya* é a palavra usada para objetos. Ora, *Visaya* não existe em si mesma, é uma criação da mente. Quando a mente projeta o conteúdo de sua memória sobre uma coisa, idéia ou pessoa, então ela se torna um *Visaya*. Já que é criação da mente, quando ocorre a modificação do hábito esse *Visaya* é dissolvido, mas o anelo da mente permanece, e estabelece o seu hábitat em novas formas de hábito. Se esse anelo não for dissolvido, existe toda possibilidade de os novos modos de ação, criados pelo mecanismo construtor de imagem, tornarem-se uma nova casa na qual o conteúdo da mente velha possa residir.

Dizem que quando o Senhor Buda atingiu o Budado, ou Iluminação, a primeira afirmação que fez foi "Eu te vi, ó Morador da casa; não mais te permitirei ocupar a casa". O Morador da casa é o anelo. O Senhor Buda disse que a causa do sofrimento humano é *tanha* ou anelo. Mas o verso acima do *Bhagavad-Gita* diz que o sabor ou anelo só pode ser dissolvido quando o Supremo é visto. Como se pode ver o Supremo? Enquanto o anelo estiver lá, o Supremo não pode ser visto, e sem se ver o Supremo o anelo não pode ser dissolvido. É um curioso paradoxo da vida espiritual. Como se pode resolvê-lo? Patañjali no segundo *sutra* na Quarta Sessão dos *Yoga Sutras* diz:

> O nascimento de uma nova espécie ou mutação é causada pelo transbordar da natureza.

Aqui ele fala não de uma nova espécie no sentido biológico, mas no sentido psicológico. Mesmo biologicamente, uma mutação é causada por fatores evolucionários oriundos de cima, para usar o termo cunhado pelo Dr. Raynor Johnson. Ele diz no seu livro *Nurslings of Immortality*:

> Quando investigo o parecer que o darwinismo e os seus derivativos fornecem da evolução das coisas vivas, dos *protozoa* ao *homo sapiens*, fico propenso a dizer que os dois temas da variação e da seleção natural, juntamente com todo o conhecimento detalhado que está sendo apresentado pela genética, oferece uma grande promessa de prestar contas dos fatores na evolução que derivam de baixo. Igualmente tenho certeza de que, consideradas como a base única e suficiente da evolução, elas são completamente inadequadas.

Como dissemos acima, o Dr. Raynor Johnson acredita que uma explicação adequada da evolução possa ser encontrada somente quando entendermos não apenas os fatores que se originam de baixo, mas também os fatores de cima. Os escritores modernos que tratam do tema da evolução introduziram o termo 'seleção interna' como um suplemento para Seleção Natural do Darwinismo. No livro *Intelligence Came First* editado por E. Lester Smith, está escrito:

A teoria darwinista está correta até onde vai, mas é inadequada como uma explicação completa dos acontecimentos evolucionários. Um animal é livre para selecionar o seu ambiente e hábitos de sentimento. Uma outra espécie de seleção interna na evolução pode agir diretamente sobre as mutações no nível celular de tal modo que somente sobrevivam aqueles que são favoráveis à coordenação interna que é vida.

A seleção interna no nível humano pode funcionar de maneira dupla. Uma é a seleção interna pela mente. Essa seleção pode resultar em modificações tais como vínhamos discutindo. As modificações estão no âmbito do contínuo pano de fundo da mente. Aqui se observa mudança na estrutura retentora do mesmo conteúdo mental. Elas ajudam a fazer surgir estruturas flexíveis, quebrando a rigidez das formas habituais. Mas há uma outra seleção interna que não é da mente, mas que pertence a fatores que transcendem a mente. São da natureza das mutações, não meras modificações. Mas para essas seleções internas, seja pela mente ou por fatores além da mente, há que se designar um lugar de importância primária para a consciência. Sir Alister Hardy no seu livro *The Biology of God* diz:

A evolução darwinista não precisa mais ser considerada uma doutrina inteiramente materialista. Só pode ser considerada assim se negarmos o papel desempenhado pelo comportamento consciente ou supormos que a própria consciência não seja mais que um subproduto ilusório de um sistema inteiramente mecanicista. Eu sustento que não há apoio razoável para nenhuma das duas visões e que proclamá-las como parte da ciência estabelecida não é uma suposição não justificada, mas é, muito provavelmente, um embuste da natureza da vida e do homem.

No pensamento moderno sobre o tema da evolução, nota-se uma clara mudança de uma abordagem materialista para uma não materialista. Nessa mudança vemos o movimento do material para o mental, do comportamento para a consciência, da seleção natural para a seleção interna, do determinismo da natureza para a liberdade do indivíduo. Esse movimento é ainda exploratório, pois não existe distinção clara entre a seleção interna da consciência condicionada e a seleção interna de uma mente livre. Com respeito ao discernimento existe muita confusão. Como pode a mente discernir corretamente quando está condicionada pela sua própria experiência acumulada? O verdadeiro discernimento desabrocha na consciência, não pode ser produto da mente. A seleção interna feita pela mente é para a realização do seu passado não realizado. É isso que forma o conteúdo da construção de imagem por meio do qual se busca realizar as modificações no hábito. Devemos deslocar-nos rumo à total liberdade da mente, pois é somente nesse estado que acontece a correta seleção ou escolha natural. Quando os novos padrões de comportamento forem inspirados por tal escolha correta, saberemos o que significa vinho novo em odres novos. Então, não apenas as formas serão novas, o conteúdo também será novo. E o conteúdo novo não irá permitir a formação de hábitos novos. Ele irá manter todos os padrões de comportamento flexíveis e provisórios de modo que nenhuma rigidez penetre o campo. Quando as formas flexíveis respondem prontamente ao toque do impulso novo, a pessoa realmente sabe o que é fazer a coisa certa, da maneira certa e na hora certa.

A senda que leva à meditação exige a morte da mente velha. Nós só crescemos espiritualmente quando nos colocamos acima dos nossos egos mortos. É a partir do ponto de retenção das imagens conscientemente construídas, que a senda bifurca-se. Há uma senda para a transmissão de imagens e outra para a transcendência das imagens. A transcendência das imagens exige a morte da mente. A morte é condiscípula da meditação – não a morte do corpo, mas da mente. Não é que primeiramente tenha que haver a morte da mente e depois vir a meditação. À medida que a pessoa explora o caminho da meditação, simultaneamente ocorre a morte da mente. J. Krishnamurti diz nos *Commentaries on Living* (Primeira Série):

> A meditação correta é essencial para a purgação da mente, pois sem o esvaziamento da mente não pode haver renovação. A mera continuidade é decadência.

A Ciência da Meditação - **167**

Como foi dito acima "a mera continuidade é decadência". Deve-se fazer uma distinção entre decadência e morte. Decadência é uma imposição forçada de descontinuidade. Forçada porque é produzida pelas circunstâncias. Faz surgir um estado de fadiga ou torpor. Mas a mente que convida a morte tem uma qualidade diferente. Esse convite à morte é o começo da verdadeira meditação. Nessa morte, a mente é esvaziada de todo o seu conteúdo. Onde quer que a morte esteja, somente aí pode haver renovação. Quando falamos da transformação da mente, referimo-nos ao surgimento de uma mente nova. Mas a questão é: como chegar à experiência da morte da mente, da total purgação, do esvaziamento de todo o seu conteúdo? Pode a mente ser conscientemente esvaziada? Obviamente que não, pois o esvaziamento consciente é apenas um estado de continuidade modificado, onde o velho está sendo substituído por algo que é aparentemente novo. J. Krishnamurti diz no mesmo livro:

> Há liberdade quando o ser total, o superficial e o oculto, é purgado do passado. Vontade é desejo; e se houver qualquer ação da vontade, qualquer esforço para ser livre, para desnudar-se, então jamais poderá haver liberdade, a purgação total de todo o ser.

Assim o esvaziamento da mente jamais pode acontecer por esforço consciente. Então como acontece? Se a mente não pode ser esvaziada, como ela pode esvaziar a si mesma? Em caso afirmativo, como? Se a mente tem de ser totalmente purgada, por que reter conscientemente as imagens criadas e depois levá-las morro acima na senda íngreme que leva ao topo? O que exatamente queremos dizer quando falamos em esvaziar o conteúdo da mente? Onde reside o conteúdo? Reside obviamente nas imagens conscientemente criadas. E, assim, esvaziar a mente é esvaziar as imagens criadas por ela, pois são as imagens que detêm o conteúdo da mente. Ao se criar e reter a imagem, o conteúdo da mente é apanhado, colocado no foco. Isso é necessário tanto para a transmissão quanto para a transcendência. As imagens conscientemente criadas são transmitidas ao cérebro para processamento dos padrões modificados de comportamento. De maneira semelhante, as imagens conscientemente criadas são levadas ao longo da senda da comunhão, onde são desnudadas. Ambos os processos devem continuar, pois somente assim é mantido o ritmo de comunhão e comunicação. É nesse ritmo que a pessoa pode conhecer o que é uma vida espiritual saudável e criativamente rica.

As mentes velha e nova não podem ser misturadas, pois ao assim fazer a velha engolirá a nova, e o que permanece é a face feia da continuidade. Através de uma tal mistura o que irá surgir, na melhor das hipóteses, é uma continuidade modificada. Mas nós queremos que os padrões de comportamento modificados estejam imbuídos do impulso novo, não aquele que é adulterado com o velho. H.P. Blavatsky diz em *A Voz do Silêncio*:

> As puras águas da vida eterna, claras e cristalinas, não podem misturar-se com as torrentes lamacentas das tempestades das monções. A gota de orvalho celeste, brilhando ao primeiro raio de sol da manhã no seio do lótus, quando cai sobre a terra torna-se um pedaço de argila; observe que a pérola é agora uma partícula de lodo.

O impulso novo não pode misturar-se com a torrente lamacenta da mente velha, e se isso ocorrer, então a pérola irá tornar-se um pedaço de lodo. O conteúdo velho deve desaparecer totalmente, sem qualquer reserva. Este conteúdo é a memória psicológica não realizada. Enquanto o talento e a habilidade aprendidos pela mente devem permanecer, o passado psicológico deve ser dissolvido total e completamente. A mente deve morrer para o seu conteúdo velho antes que a torrente do impulso novo, clara e cristalina, possa fluir para dentro dela. H.P. Blavatsky diz:

> Um simples pensamento sobre o passado que deixaste para trás, te arrastará para baixo e terás de começar a escalada novamente. Mata em ti toda a memória das experiências passadas. Não olhes para trás ou estarás morto.

Alguém pode perguntar: o método de meditação nos indica como alguém pode ficar totalmente livre dos pensamentos deixados para trás? As imagens que a pessoa carrega ao longo da senda da montanha trans-

A Ciência da Meditação - **169**

portam no ventre os pensamentos deixados para trás, pois eles contêm o fardo da memória psicológica da mente. Como nos livrar disso de modo que possamos mover-nos ao longo da senda da transformação da mente? É essa investigação que nos convida a entrar na fascinante terra da meditação e a decifrar os seus segredos e mistérios.

CAPÍTULO 15

O OBSERVADOR, MAS NÃO O VIGIA

O tema da meditação está muito em voga hoje em dia em todo o mundo, mas para muita gente é muito mais do que isso – o assunto tornou-se uma questão de vida. Por que isso ocorre? Por que o homem moderno está voltando-se tão freneticamente para a meditação? Isso acontece porque ele deseja fugir da tirania dos opostos da mente. Vimos no Primeiro Capítulo que qualquer que seja a situação, a mente tem apenas duas maneiras de lidar com ela. Essas duas maneiras são – a luta e a submissão. A mente quer que alternemos entre as duas, de modo que quando a pessoa estiver cansada da luta, ela possa fazer uso da submissão como alternativa. Mas esses movimentos alternativos não nos aproximam em nada da solução dos nossos problemas psicológicos. O homem está consciente ou inconscientemente em busca do Terceiro Caminho. Ao longo desse Terceiro Caminho não há comprometimento dos opostos, nem se busca chegar a uma reconciliação. O Terceiro Caminho é o caminho da transcendência dos opostos, o que não significa negar os opostos. Indica uma maneira na qual os opostos podem coexistir ao mesmo tempo. A existência simultânea dos dois é inconcebível para a mente. Tempo e espaço são dois imperativos categóricos da mente sem os quais ela não consegue funcionar. E no tempo e no espaço duas coisas existem uma após outra, e não ao mesmo tempo e no mesmo lugar.

Mas como podem os opostos existir juntos sem se anular? Dissemos acima que há uma transcendência dos opostos sem negá-los. Como podem os opostos ser negados sem se negar a própria manifestação? Certamente que a manifestação existe pela operação dos opostos. A dualidade é a própria natureza da manifestação. Na manifestação somos confrontados com o problema do relacionamento. Isso ocorre por causa da existência da dualidade. Ademais, só se pode pensar em relacionamento quando existem dualidades. O que então se quer dizer por transcendência dos opostos sem os negar?

A Ciência da Meditação - 171

É verdade que não se pode pensar na manifestação sem a existência de dualidades. Mas a questão é: devem essas dualidades estar em conflito entre si? Devem excluir-se mutuamente? Ou podem ser complementares? Devem as dualidades existir sempre como opostos, ou existe a possibilidade de um novo relacionamento entre as duas? É verdade que duas coisas contraditórias não podem coexistir. Mas isso acontece quando olhamos para elas em uma esfera restrita. Quando nossa esfera perceptiva é aumentada, então as duas coisas contraditórias podem realmente existir juntas. Luz e sombra não podem coexistir numa área de percepção restrita, mas se alargarmos esse limite perceptivo, por exemplo, em uma paisagem, descobrimos que luz e sombra realmente existem juntas, e não é só isso, a sua coexistência empresta beleza e charme à paisagem. Nessa esfera de percepção mais ampla, os contraditórios foram transformados em contrários. Paul Roubiczec diz no seu livro profundamente metafísico *Thinking in Opposites*:

> Os opostos contraditórios tornam-se simples contrastes se ampliarmos a esfera de nossas considerações. . . . Os contrastes, por outro lado, tornam-se opostos contraditórios quando restringimos nossa atenção.

Duas coisas contrastantes podem coexistir, mas duas coisas contraditórias não podem. Em ambos os casos os opostos são os mesmos, mas são colocados em dois panos de fundo que diferem entre si. Se os contraditórios puderem ser transformados em contrastes, então poderão permanecer juntos sem se autocancelarem. Filosoficamente falando, as dualidades podem existir juntas se forem transformadas em polaridades. O Pólo Norte e o Pólo Sul não cancelam um ao outro; juntos eles permitem que a Terra exista em sua órbita. Os dois pólos opostos em um circuito elétrico geram energia. Mas qual deve ser o pano de fundo no qual as dualidades psicológicas possam existir sem conflito e sem se autocancelarem? É óbvio que as dualidades só podem existir em perfeita harmonia no pano de fundo da experiência não-dual. O não-dual é que pode conter dentro de si todas as dualidades. Se o não-dual é o terreno no qual o dual existe, então está terminado o conflito dos opostos. Retire-se da experiência não-dual e você está mais uma vez preso na batalha dos opostos.

É no não-dual que os opostos são transcendidos sem serem negados. Este é deveras o significado de Deus, o Ser Transcendente ao mesmo tempo Imanente. C. Jinarajadasa no seu pequeno livro *What We Shall Teach* expressa lindamente esta idéia:

> Por meio dos dois estágios os homens descobrem o Amante Único. . . pois Ele existe em uma natureza dual como Imanência e Transcendência. Ele é tudo o que vemos, ouvimos, tocamos, cheiramos, degustamos, pensamos, e sentimos; e ao mesmo tempo Ele não é nenhuma dessas coisas. Este é o mistério de Sua natureza – Ele é o universo e, todavia, é diferente do universo.

É na experiência da transcendência, que a imanência faz sentido e torna-se significativa. É a não-dualidade que empresta significado à dualidade; é o Ser que dá ao vir-a-ser uma nova dimensão na qual funcionar. Aquele que teve a experiência do Ser está completamente livre dos conflitos, que por outro lado aparecem no campo do vir-a-ser. Buscar o Ser no campo da mente é engajar-se em um exercício de total futilidade. O poeta Rabindranath Tagore diz no seu livro *Sadhana*:

> . . . se não vemos o Infinito Repouso, mas apenas o Infinito Movimento, a existência parece ser um mal monstruoso, avançando impetuosamente em direção a uma interminável ausência de finalidade.

O Repouso Infinito é o Ser, assim como o Movimento Infinito é o movimento incessante do vir-a-ser. O Repouso Infinito significa o estado não-dual, o estado de transcendência. E Movimento Infinito denota uma condição de dualidade, o estado de imanência. O movimento de dualidade parecerá totalmente sem objetivo quando não se percebe o estado não-dual. O não-dual contém todos os opostos, e os transforma em polaridades.

Hoje em dia o ser-humano está em um estado de terrível conflito interior. Ele quer resolver esses conflitos fazendo esforços no plano do vir-a-ser; ele quer resolver os problemas da dualidade permanecendo no plano da dualidade. Esse esforço é inútil e, assim, não é de admirar que o homem moderno esteja preso às tiranias e compulsões da mente. Os mais sábios entre nós hoje em dia viram a futilidade de todos os esforços baseados no plano dos opostos. Foram eles que indicaram a busca de um novo caminho, pois somente a experiência do não-dual pode conter os opostos. É a partir dessas indicações que se vê, em todo o mundo, a evidência de um fenomenal interesse no tema da meditação. Afligido e atormentado pelo conflito dos opostos, o homem está buscando o caminho da transcendência. Desnecessário dizer – o caminho da meditação é o caminho para a experiência do não-dual.

Uma questão pertinente pode surgir: o que é meditação e como ela leva à experiência do não-dual? A pessoa carrega consigo as imagens conscientemente criadas e apaixonadamente retidas ao longo desta senda? Em caso afirmativo, não irão essas imagens tornar-se um obstáculo para se chegar à experiência do não-dual? Devemos primeiramente entender o que é meditação. Certamente que não é sentar-se com os olhos fechados, assumindo uma postura particular e engajando-se em exercícios de controle da respiração. A pessoa pode fazer essas coisas ou não, pois elas não são parte da meditação. Meditação não é também a repetição de alguns *mantras*, dados por um guru ou selecionados de algumas escrituras sagradas. Meditação também não é realizar a *puja*, ou adoração ritualística de alguma deidade. Então, o que é meditação? Será a prática da concentração sobre algum objeto ou idéia? J. Krishnamurti diz no seu livro *Freedom from the Known*:

> Meditação não é seguir um sistema qualquer; não é repetição e imitação constante. Meditação não é concentração. Um dos estratagemas favoritos de alguns instrutores de meditação é insistir para que seus alunos aprendam concentração, isto é, fixar a mente em algum pensamento, expulsando todos os outros. . . Isso significa que o tempo todo você está tendo uma batalha entre a insistência de que você deve concentrar-se por um lado e, por outro, a sua mente que passeia por todos os tipos de coisas. . . . Quando a sua mente divaga, significa que você está interessado em alguma outra coisa.

Hoje em dia todo tipo de sistemas de meditação estão sendo expostos e propagados. Em alguns lugares a meditação está sendo equacionada às ondas alfa, do cérebro. Em outros equivale à respiração rápida e quase violenta, e em dar vazão, quase tão violentamente quanto na respiração, a impulsos animais do corpo. Existem algumas escolas de meditação onde os alunos nada têm que fazer, a não ser esperar pela transmissão do poder ou *Shakti* pelo guru. Em alguns sistemas de meditação é colocada completa ênfase nas posturas físicas complexas e em intrincados exercícios de respiração. Existem sistemas de meditação nos quais a pessoa fica engajada em uma elaborada adoração ritualística, às vezes associada à repetição de alguns *mantras*. A meditação não é um ato de auto-hipnose, nem de se deixar a mente tão passiva que possa ser facilmente submetida ao feitiço hipnótico lançado pelo guru. Muita coisa irrelevante foi anexada à meditação, resultando em confusão cada vez maior. A não ser que toda essa confusão seja descartada a pessoa não pode enfrentar o verdadeiro problema da meditação.

Uma das grandes concepções errôneas sobre a meditação é a de que ela é um processo de pensamento profundo. Acredita-se que para meditar a pessoa deva entrar em um estado de profunda reflexão. Mas a verdade é que a meditação não é um processo de pensar, nem mesmo o mais sutil e abstrato. Além disso, o processo de pensar nos mantém movendo-nos no círculo do conhecido. Esse círculo não pode ser quebrado apenas porque a pessoa se engaja em pensamento abstruso. Todo pensar é em círculo e, assim, por tal processo a pessoa jamais pode chegar à descoberta do Terceiro Caminho. E a nossa necessidade urgente é encontrar esse caminho para que possamos nos livrar da tirania e das compulsões das alternativas da mente. A meditação também não é um processo de parada do pensamento. Isso porque o processo do pensamento não pode ser parado por esforço consciente. A parada consciente do pensamento é que é a concentração. Mas o pensamento não pode ser afastado ou banido por qualquer ato de concentração, mesmo que uma tremenda força de vontade seja posta em operação. A pessoa pode suprimir um pensamento, mas jamais pode pará-lo. E o pensamento suprimido ressoa com força tremenda, quase sem ser percebido pela pessoa que medita.

Vimos até agora somente o que a meditação não é, mas o que é afinal a meditação? A meditação é de fato uma observação do processo de pensamento. Observar o movimento do pensamento é deveras o ato da verdadeira meditação. Essa idéia da observação, sendo a cruz e a espada da meditação, chegou até nós desde tempos remotos. Pode ser visto nos *Vedas* e nos *Upanishads*, e daí em diante até o tempo presente. No *Rigveda* e nos *Upanishads*, no *Mundakopanishad* e no *Svetashvatara Upanishad* particularmente, encontramos a ilustração de dois pássaros, idênticos em forma, como amigos inseparáveis, pousados no mesmo galho de uma árvore, um comendo o fruto e o outro apenas observando a atividade do primeiro pássaro. Não vamos fazer a interpretação desse simbolismo dos dois pássaros. Uma coisa certa é que, uma vez que a ilustração fala dos dois pássaros como sendo idênticos e inseparáveis, o símbolo fala de apenas uma entidade que come o fruto e que também observa o processo de comer. A testemunha e o participante não são duas entidades diferentes. Ser testemunha da própria participação no processo da vida é o que está sendo indicado por essa ilustração dos dois pássaros, que primeiro aparece nos *Vedas*, e é depois reproduzido nos dois *principais Upanishads*.

A idéia da Testemunha e do Participante, ao mesmo tempo e não um após o outro, pode ser encontrada mais uma vez no *Bhagavad-Gita* como também nos *Yoga Sutras* de Patañjali. Ela é apresentada sob a forma de *Abhyasa* e *Vairagya* – o primeiro denota participação enquanto o último significa ser uma testemunha. Observar o próprio ato de participação, testemunhar a mente em ação – é isso que é colocado ante o aspirante como técnica de *Yoga* ou Meditação. Em todos os atos de participação é óbvio que a mente, ou o processo do pensamento, está envolvida. E assim, observar o movimento do pensamento em meio à própria participação é a técnica dada ao aspirante, decidido a buscar a trilha da meditação.

Essa técnica de observação encontra-se muito ampliada no Método Budista de meditação. É conhecida como meditação *Vipassana*. Consiste de uma quádrupla observação, a saber, de *Kaya*, movimentos corporais, *Vedana*, sensações de calor e frio sentidas pelo corpo, *Citta*, movimento do pensamento e *Bhavana*, conteúdo dos ideais e das aspirações da pessoa. Essa observação quádrupla é chamada de Caminho da Atenção. Bhikku Soma no seu livro *The Way of Mindfulness* diz que,

. . . é o modo objetivo de observar qualquer coisa que seja. Reconhece apenas o que está presente e interrompendo a loquacidade da mente da própria pessoa, permite que os objetos falem por si mesmos e desvendem seu caráter.

Em um discurso que o Senhor Buda proferiu em Kammasadamma, uma cidade mercantil do povo Kuru, Ele disse:

> Esta é a única maneira, ó Bikkus, para a purificação dos seres, para a superação da dor e das lamentações, para a destruição do sofrimento e do pesar, para se alcançar o reto caminho, para se atingir o *Nibbana*, os quatro Despertares da Atenção.

A partir daí pode-se ver como a observação quádrupla foi considerada pelo Senhor Buda na *sadhana*, ou disciplina, do *Yoga* e da meditação. A mesma abordagem no campo da meditação é vista no Zen-Budismo. O Mestre Zen apresenta um problema ao discípulo sob a forma de *Koan*, que é uma afirmação paradoxal. Pede ao discípulo para resolvê-lo. Ele luta com a mente, mas é incapaz de resolvê-lo. Através do *Koan* pede-se ao discípulo para observar o movimento do pensamento com referência ao problema apresentado pelo Mestre. Se ele realmente observar esse movimento, certamente compreenderá que a mente não tem solução para o problema. Daí surge a percepção da limitação da mente. No Método Budista tradicional a pessoa começa observando a própria respiração e depois passa para o corpo, as sensações, o pensamento e, finalmente, para os ideais e as aspirações. Essa observação quádrupla, em termos de atenção, tem o mesmo propósito, ou seja, conhecer os caminhos da mente pela observação rigorosa de seus movimentos. E assim, tanto no Hinduísmo quanto no Budismo encontramos esta técnica de Observação sugerida como parte das práticas do *Yoga* e da Meditação.

Alguém pode perguntar: qual é o propósito dessa observação? Ela tem um duplo propósito. Primeiro, expor o conteúdo da mente e, segundo, esvaziar esse conteúdo. O esvaziamento só é possível quando o conteúdo é não apenas observado, mas trazido para o foco. Isso é o que faz

A Ciência da Meditação - 177

a observação, em primeiro lugar. Mas no processo de observação a pessoa tem que lidar com pensamentos intrusos e indesejados. Esse é também o principal problema da meditação. Quando sentamos para meditar, escolhendo um pensamento ou uma idéia particular para reflexão, a primeira coisa que acontece é o assédio de pensamentos indesejados. Manter esses pensamentos intrusos afastados é a coisa mais difícil, pois se a pessoa resiste à sua chegada, então eles se fortalecem; e se a pessoa lhes dá passagem, ela é carregada junto com eles. Nem a resistência e nem a indulgência nos ajudam a lidar com os intrusos que constantemente perturbam nossa meditação. Aliás, não há descanso nem folga desses pensamentos, resultando numa meditação que é uma batalha incessante contra a invasão desses pensamentos indesejados. Eles são como posseiros que não podem ser desalojados de suas ocupações não autorizadas. *Arjuna* expressou essa dificuldade ao Senhor Krishna e, então, o Senhor lhe deu a fórmula simples de *Abhyasa* e *Vairagya*, de observação em meio à ação ou participação. E, assim, a técnica da observação foi sugerida por nossos antigos instrutores para lidar de maneira eficaz com os pensamentos intrusos. Nessa observação são expostos os motivos e as intenções da mente. E é assim que eles se tornam submissos à observação clara e sustentada.

Entre os pensadores modernos, três da maior estatura, entre eles, Sri Ramana Maharshi, Sri Aurobindo e J. Krishnamurti colocaram ante o aspirante espiritual a mesma abordagem da observação para lidar com pensamentos intrusos e indesejados. Não é um controle da mente pela resistência, mas um aquietamento através da observação; é isso que esses modernos pensadores expuseram quando falaram sobre meditação. H.P. Blavatsky em *A Voz do Silêncio* diz:

> À ondulação de efeito, tal como à grande onda sísmica,
> deixarás seguir seu rumo.

Permitir que as circunstâncias sigam seu curso é pedir à onda sísmica dos pensamentos para terminar o seu jogo sem ser incomodada. Para se livrar dos intrusos mentais, o conselho dado pela Senhora Blavatsky aos aspirantes espirituais é permitir-lhes seguir seu caminho. Permitir à onda sísmica dos pensamentos seguir seu curso é abster-se de interferir com o seu movimento. Não interferir com seu curso é exatamente observar o seu movimento. Patañjali também define *Dhyana* ou Meditação como um ato de observar o fluxo do pensamento sem qualquer interrupção. Vemos aqui a mesma técnica de observação sobre a qual estivemos discutindo, para lidar de maneira eficaz com os pensamentos intrusos. Sri Ramana Maharshi em uma de suas palestras proferidas em 1936 diz:

> Após a cânfora ter sido consumida no fogo, não sobra resíduo. A mente é a cânfora.

Permitir que a cânfora seja consumida é semelhante a permitir à onda sísmica seguir seu curso. Se se permitir à mente seguir seu curso, então não restará nenhum resíduo de pensamento. Os pensamentos intrusos não deixam traços atrás de si se não se lhes resiste, sendo, no entanto, observados como se observaria uma procissão – sem qualquer interrupção ou interferência.

Nos trabalhos escritos do Swami Vivekananda encontramos uma instrução clara dada ao estudante de *Yoga* na qual ele diz que a pessoa deve recuar de seus pensamentos, deixar que eles ocorram em sua mente à vontade, e observá-los, para descobrir o que são. É como permitir à cânfora consumir-se ou à onda sísmica seguir seu curso.

Mas dentre os pensadores modernos Sri Aurobindo e J. Krishnamurti não têm sido apenas os mais claros com relação à técnica da observação, eles também forneceram instruções detalhadas sobre essa técnica. Na observação há muitas questões envolvidas, tais como: o que observar? Quando observar? Onde observar? Mas principalmente como observar? É com relação à pergunta "como observar" que temos instruções muito claras que nos foram passadas por esses dois pensadores. Iremos considerar primeiramente a questão "como observar" e depois voltaremos nossa atenção às outras questões: o que, quando e onde. Já consideramos a questão "por que observar" no início deste capítulo. A observação é necessária para lidar com pensamentos intrusos que não podem ser atacados pelo processo comum da concentração. E sem tratar dos pensamentos intrusos não podemos chegar ao esvaziamento da mente, que é necessário para a morte da mente velha e para o surgimento da mente nova. Aqui estamos preocupados com a questão "como

A Ciência da Meditação - **179**

observar?" Essa questão obviamente inclui a investigação quanto ao que afinal é a observação. Estamos escolhendo primeiramente a questão do "como observar", porque ela se choca diretamente com o problema do como lidar com os pensamentos intrusos. E esse é o aspecto mais prático em relação à meditação. Poderemos voltar-nos às outras três questões mais facilmente – o que, o quando, e o onde – se primeiramente explorarmos esta questão fundamental: como observar?

Com relação a isso as seguintes palavras de Sri Aurobindo são um grande auxílio. Ele diz:

> Se surgirem pensamentos e atividades, eles cruzam a mente como um bando de pássaros que cruza os céus quando não há vento. Passa, nada perturba, não deixa rastro. . . . Mesmo que mil imagens ou os mais violentos eventos a atravessem, a calma tranqüilidade permanece como se a textura mesma da mente fosse uma substância de eterna e indestrutível paz.

Aqui Sri Aurobindo nos fala do estado da mente sob o impacto dos pensamentos intrusos. Ele diz que esses pensamentos podem vir e ir sem deixar qualquer traço e sem causar qualquer distúrbio à tranqüilidade da mente. Mas nossa experiência é de que esses pensamentos não apenas vão e vêm – eles se demoram, muitas vezes eles se estabelecem, e mesmo quando se vão deixam traços atrás de si que se tornam os centros da memória psicológica. Como induzir os pensamentos a ir e vir sem deixar qualquer sinal? É isso que faz surgir a questão: como observar? Sri Aurobindo nos pergunta:

> . . . olhar para os pensamentos como se não lhe pertencessem, recuar como a testemunha – os pensamentos são considerados como coisas que vêm de fora, e devemos senti-los como se fossem transeuntes atravessando o espaço da mente, com quem não se tem qualquer conexão e em quem não se tem qualquer interesse.

Somos requisitados a assumir a atitude do viajante com relação aos pensamentos intrusos, tratando-os como estranhos e, portanto, recusan-

---

180 - Rohit Mehta

do evocar qualquer envolvimento mental ou emocional, ou mesmo interesse em suas atividades. Sri Aurobindo fala ainda de um outro método nas seguintes palavras:

> Existe um método ativo pelo qual a pessoa olha para ver de onde os pensamentos vêm; ela pode detectá-los vindo, mas antes de entrarem, têm de ser jogados fora.

Aqui Sri Aurobindo sugere a atitude do vigia. Se como um vigia atento pudermos detectar a chegada dos pensamentos intrusos, ouvir seus passos silenciosos, então tais pensamentos não ousarão importunar. Ao ver o vigia esses intrusos irão esconder-se em outro lugar, e assim não irão perturbar. Quer a pessoa aja como testemunha, vigia, ou viajante, a questão ainda permanece de como isso pode ser feito; qual é o *modus operandi* para desempenhar esse papel quando se der o ataque dos pensamentos intrusos. A mente é uma entidade muito esperta e surge em todas as ocasiões para salvaguardar seus interesses. Ela tem um grande desejo de viver, e por essa razão luta contra a morte em todas as frentes. Ao desempenhar os três papéis acima mencionados, ela divide-se em duas – chamando uma de inferior, e a outra de superior. O papel triplo é assumido pela mente superior, o que implica em que ela irá controlar a mente inferior através destes processos. Quando isso acontece, então os três papéis tornam-se sem sentido – na verdade, o verdadeiro propósito desses três papéis é anulado. Então a mente superior põe-se a julgar a inferior, vestindo toga e distintivos de testemunha, de viajante ou de vigia. O que se deve fazer, então? Talvez as palavras seguintes de J. Krishnamurti, que aparecem no seu livro *Freedom from the Known* possam nos ajudar a romper esse impasse:

> Meditação é estar perceptivo de todo pensamento e de todo sentimento, sem jamais dizer que está certo ou errado, mas apenas observá-lo e mover-se com ele. Nessa observação começa-se a entender todo o movimento do pensamento e do sentimento. E dessa percepção surge o silêncio. . . esse silêncio é meditação, na qual aquele que medita está totalmente ausente, pois a mente esvaziou-se do passado.

Existe uma diferença entre observar a chegada dos pensamentos intrusos e dar boas-vindas à chegada de tais pensamentos, entre o papel do vigia e do observador. Os pensamentos intrusos devem ser induzidos a vir, de modo que a pessoa possa observar todos os seus movimentos. É como convidar esses pensamentos e pedir-lhes para contar sua história. Os pensamentos intrusos devem ser induzidos a falar e, nessa conversa, convidados a contar sua história sem qualquer medo de interrupção. É um fato bem sabido que os psiquiatras modernos, ao lidar com seus pacientes, estão preocupados em induzi-los a falar ou a se expor. Se esses pacientes conseguem expor-se com suas histórias, então os médicos dizem que mais de metade da batalha foi vencida. Nessa mesma conversa os sentimentos reprimidos dos pacientes são liberados. Da mesma maneira a mente deve ser induzida a falar para que relate sua história sem qualquer tipo de inibição.

Se fosse possível observar o movimento da mente sem qualquer julgamento, se fosse possível ouvir a história da mente sem qualquer avaliação, então nessa observação e nessa audição a mente aquietar-se-ia. Tendo contado sua história, sua tagarelice cessa automaticamente. A mente aquieta-se, ela não tem que ser aquietada. Mas a questão é: as mentes superior e inferior não virão à existência mesmo nesse ato de observação ou de audição? Como isso pode ser evitado, pois se surgir qualquer julgamento ou avaliação, então a mente irá recusar-se a revelar sua história. Nada haverá para observar quando a avaliação e o julgamento entrarem no campo da observação. Mais uma vez a questão é: o que se deve fazer?

Devemos lembrar que a observação ou a audição da mente não pode ser feita permanecendo-se atrás de uma porta fechada, fazendo um esforço firme para observar o movimento da mente. No momento em que a pessoa se fecha em um aposento, neste mesmo momento a mente também cessa os seus movimentos. A mente só pode ser observada em movimento. Somente no espelho da vida diária da pessoa pode a mente ser observada. J. Krishnamurti diz:

> Assim, a meditação pode ocorrer quando você estiver sentado em um ônibus, caminhando num bosque cheio de lu-

zes e sombras, ouvindo o canto dos pássaros, ou olhando para o rosto da sua esposa ou do seu filho.

É na percepção extensiva que é possível a observação da mente, jamais em um ato de percepção exclusiva. A pessoa pode fazer essa observação sem interromper suas atividades por um minuto sequer. É na percepção exclusiva que acontece a divisão da mente em superior e inferior. Se enquanto se observa a mente em ação ocorrer uma divisão de superior e inferior, então, ou pára a ação, ou a própria observação. Essa é uma indicação de que no ato da observação entrou o avaliador. J. Krishnamurti diz que na verdadeira meditação, aquele que medita fica totalmente ausente. Ele é que é o juiz e o avaliador. A percepção extensiva é a única maneira para a eliminação da divisão entre superior e inferior.

Para lidar com os pensamentos intrusos, a pessoa deve começar com a ação do viajante e passar para o papel da testemunha, e daí chegar ao dispositivo de detecção do vigia. Ainda que esses três estágios sejam necessários no ato da observação dos próprios pensamentos, a pessoa deve finalmente chegar ao papel do vigia, que não está preocupado em lançar fora os intrusos, mas em calmamente observar seus movimentos em alerta total, para que esteja extensivamente perceptivo no desempenho de suas funções. O tema da Percepção Extensiva foi discutido pelo autor em dois livros prévios seus – *The Nameless Experience* (Segunda edição publicado pela Motilal Banarsidass, Delhi), e *Yoga – The Art of Integration* (*Yoga – A Arte da Integração*, publicado pela Editora Teosófica, Brasília). Como o tema foi discutido exaustivamente nos dois livros acima mencionados, seria desnecessário repetir o que lá foi dito com referência à questão da Percepção Extensiva. Como essa mesma frase indica, nessa percepção não há exclusão de pensamentos, e sim inclusão de todos os pensamentos. Aqui o próprio termo 'intruso' é eliminado. Nenhum pensamento é intruso. O que chamamos de intruso é também uma parte do panorama da mente. Quando a perspectiva do raio de ação é restringida é que um pensamento torna-se intruso. Mas se o raio de ação for ampliado, o assim-chamado intruso torna-se parte de todo o panorama. Não apenas isso, a presença do assim-chamado pensamento intruso dá à paisagem uma perspectiva por meio da qual toda a cena torna-se viva, em

A Ciência da Meditação - **183**

vez de insípida e obtusa, como seria o caso se fosse de outra maneira. O segredo da Percepção Extensiva jaz no fato de que nela não existe o mais leve traço de resistência ou ressentimento. Além disso, na percepção extensiva não surge qualquer possibilidade de divisão da mente em superior e inferior, pois ambas estão inclusas no limite de percepção. Enquanto apresentávamos a questão do como observar, mencionamos que há três outras questões associadas a ela, quais sejam: o que observar, onde observar e quando observar. O tema da percepção extensiva tornar-se-á claro quando examinarmos rapidamente essas três questões.

Alguém pode dizer que a questão "o que observar" não tem relevância após tudo o que discutimos neste capítulo. Dissemos repetidamente com referência ao quádruplo papel do viajante, da testemunha, do vigia e do observador, que deve haver a observação do pensamento com todos os seus movimentos. Mas a palavra *pensamentos* é realmente vaga e evasiva. O pensamento só pode ser observado em termos da forma e feitio que assume. Isso é a imagem. Na Percepção Extensiva estamos também preocupados com a observação das imagens mentais. Discutimos nos capítulos anteriores que a transmissão de imagens para o cérebro perde sua eficácia se as imagens não forem claras e vívidas e, também, se for introduzido o elemento de indulgência na retenção das mesmas. Na indulgência, a energia da imagem é dissipada e, assim, o impacto de tais imagens sobre o cérebro é muito fraco. Numa tal condição é a imagem habitual que detém o controle sobre as novas imagens conscientemente criadas. Por causa da indulgência na criação de imagens, o cérebro é induzido a continuar com os padrões de comportamento habituais, não sendo persuadido a efetuar qualquer modificação nos seus modos de expressão. De modo semelhante, as imagens que se movem para cima, após o ponto de bifurcação, em direção ao topo da comunhão, recusam-se a se mover se um elemento de resistência for introduzido. As imagens conscientemente criadas e retidas com envolvimento emocional movem-se ao longo da linha de transmissão até o cérebro alerta e ativado para fazer surgir padrões modificados de comportamento. Esse é um movimento em direção aos campos de comunicação. Mas sem o impulso novo vindo da comunhão, esses novos modos de comportamento são como odres novos contendo o vinho velho. E, assim, tem que haver uma busca pelo impulso novo. Essa busca demanda o esvaziamento de todo o conteúdo velho da mente. E o conteúdo velho jaz nas imagens conscientemente criadas e apaixonadamente retidas. As imagens e seu modo de expressão comportamental têm de ser observados, se tiverem de ser privadas do conteúdo velho. E, assim, a trilha da montanha, que leva à comunhão, tem de começar do ponto de observação. Aqui se deve observar as imagens conscientemente criadas e seus múltiplos movimentos. Deve-se ouvir a história do conteúdo velho narrado pelas imagens. Mas permita-se que mesmo um sutil fator de resistência, ou de ressentimento se introduza, e as imagens irão recusar-se a continuar sua narrativa. Nenhuma indulgência nas imagens ao longo da senda da comunicação, e nenhuma resistência às narrativas das imagens ao longo da senda da comunhão: essa é a exigência dupla a ser seguida pelo aspirante espiritual. Significa não haver qualquer indulgência ao longo do caminho que desce, e nenhuma resistência ao longo do caminho que sobe. Mas o que significa a observação das imagens mentais? O que é que se observa?

As imagens estão cheias das histórias do conteúdo velho. Aliás, elas estão vibrando com todas as memórias que a mente velha estocou e que quer viver repetidamente. Observar os próprios pensamentos é observar essas imagens com todos os seus movimentos, nos campos próximos e distantes. É um ato de ouvir o que as imagens desejam dizer. Mas para isso deve haver o surgimento de um novo relacionamento com as nossas imagens mentais. Atualmente mal observamos as imagens e raramente ouvimos o que elas desejam dizer. Pedimos às imagens para que se calem logo que começam a revelar sua história. Há um elemento de resistência, pode ser patente ou encoberto. As imagens logo compreendem que a sua conversa não é bem-vinda. Se os seus movimentos forem considerados intrusos, não existe relacionamento correto entre nós mesmos e as imagens mentais. Se a pessoa olha para as imagens com um sentido de superioridade, as imagens fecharão suas vitrines para que descubramos que nada há para observar. Como uma criança pequena, as imagens têm que ser aduladas e persuadidas a falar. Essa questão da persuasão é que nos traz à investigação que apresentamos anteriormente, a saber, quando devemos observar as imagens?

É óbvio que imagens insípidas e fracas não irão revelar qualquer conteúdo da mente velha. Tais imagens não têm energia para falar. Uma

A Ciência da Meditação - 185

mera imagem-pensamento não irá servir a nosso propósito se quisermos que o conteúdo inteiro da mente velha seja desnudado. As imagens-pensamento devem ser carregadas de envolvimento emocional se quisermos persuadi-las a falar. Assim, as imagens vívidas e emocionalmente carregadas podem nos fornecer indicações quanto à natureza do conteúdo da mente velha. Somente no movimento das imagens conscientemente criadas e apaixonadamente retidas é possível a observação significativa. E com tais imagens não se deve introduzir qualquer resistência no ato da observação ou no ato da audição. Devemos ouvir a 'transmissão ao vivo' das imagens, pois somente assim podemos captar as nuanças sutis contidas em suas expressões.

Quando começamos a observar essas imagens clara e emocionalmente carregadas, então surge delas uma procissão de imagens-pensamento. Essas imagens podem ser de todos os tipos de formas e cores, agradáveis e desagradáveis. Se olharmos para essa procissão sem resistência ou ressentimento, então ela segue adiante, trazendo no seu cortejo muitas imagens estranhas. Se resistirmos ou ficarmos ressentidos, então a procissão irá parar, e a história das imagens não será contada. Numa tal condição a procissão irá parecer interminável. Mas se deixarmos que a procissão prossiga, olhando para ela com um tremendo interesse, mas sem qualquer envolvimento, logo ela irá terminar. Ao final da procissão a história da imagem também chegará ao fim, com referência àquele assunto particular em torno do qual fora feita a construção consciente de imagens. Para a questão – "quando observar", a resposta é: quando as imagens tiverem sido emocionalmente carregadas e quando tiverem sido persuadidas a falar e a se mover devido à abordagem, livre de resistência e de ressentimento.

Vimos que observar o movimento do pensamento é observar o movimento das imagens conscientemente construídas, com intensidade emocional no seu interior. Com relação à questão "quando observar" vimos que a melhor hora para observá-las é quando tiverem sido persuadidas a falar e a se mover devido à ausência de resistência e ressentimento. A terceira questão que apresentamos foi: onde observar? Quando as imagens emocionalmente vibrantes tiverem sido persuadidas a revelar sua história, então elas poderão ser observadas em qualquer lugar – em nossas atividades e no nosso repouso, em tudo que fazemos, em nossas reações aos impactos da vida, no modo como falamos e, também, no modo como ouvimos os outros. Essas imagens saltam tanto por aí que não podem ficar contidas em um único lugar. Assim não é difícil observar essas imagens, desde que sejam onipenetrantes. Em termos de todas estas várias questões – o por quê, o quê, o quando, o onde e o como – cobrimos toda a esfera de observação.

Vimos que nessa observação ininterrupta das imagens mentais e de seus movimentos, no ouvir sua história sem qualquer resistência ou ressentimento, as imagens são totalmente desnudadas de seu conteúdo. As imagens são totalmente esvaziadas do conteúdo que a mente armazenara em termos de memória psicológica e associativa. A mente é esvaziada do passado, mas alguém pode perguntar: Isso é tudo? Esvaziar a mente do seu conteúdo passado é o ápice da meditação? Se assim for, isso não é totalmente negativo? A mente foi esvaziada do passado, mas onde está o impulso novo com o qual possa inspirar novos padrões de comportamento e novos modos de ação? A imagem aquieta-se na própria narrativa de sua história, mas o que vem a seguir? A morte da mente velha aconteceu, mas onde está o surgimento da mente nova? Tendo tratado do aspecto negativo da meditação, voltaremos nossa atenção à experiência positiva da meditação no próximo capítulo. Se as imagens foram desnudadas do conteúdo passado, onde irá chegar o impulso novo? Terminou o papel da imagem, ou ela é transformada em um novo receptáculo para receber as águas refrescantes do impulso novo? Deveremos voltar nossa atenção para esse aspecto positivo da meditação quando continuarmos com a nossa investigação no próximo capítulo.

A Ciência da Meditação - **187**

CAPÍTULO 16

O EVENTO MISTERIOSO

Freqüentemente se pergunta se a mente, despida de todo o seu conteúdo e deixada totalmente vazia, não ficará extremamente vulnerável onde for exposta a todos os tipos de influências, boas e más. Como se pode ter certeza de que na mente vazia surgirão somente influências boas, que darão um impulso novo aos padrões de comportamento e modos de ação modificados? Ela pode também se tornar um terreno de caça para as influências indesejáveis. Se isso acontecer, então a senda que leva ao esvaziamento da mente é perigosa demais. Pode levar o aspirante espiritual ladeira abaixo. É verdade que uma mente vazia é vulnerável, pois todos os abrigos são destruídos e, portanto, ela vive a céu aberto. Mas, estranho como possa parecer, essa mesma vulnerabilidade é a sua segurança. Sua maior proteção jaz no fato de que ela nada tem para proteger ou defender. Mas como se pode ter certeza de que ela não será invadida por forças que são desagradáveis e indesejáveis?

Para entender essa questão a pessoa tem que compreender claramente a distinção entre a mente que foi esvaziada e a mente que esvaziou a si mesma. Existe um vazio com um centro e existe um vazio sem um centro. Quando se busca esvaziar a mente por meio de esforço consciente, então continua a existir, em tal mente, um centro em torno do qual as experiências se acumulam. É o centro que atrai influências de fora para si mesmo. Ora, neste centro jaz a semente do conteúdo passado. Ao esvaziar a mente de modo consciente a pessoa pode remover as folhas e os ramos e até mesmo o tronco da árvore, mas se a semente permanecer, então, novos brotos estarão propensos a surgir, e uma outra árvore, a mesma ou com algumas modificações, irá irromper para tomar o lugar da velha. Patañjali na Primeira Seção dos *Yoga Sutras* diz no *sutra* de número cinqüenta que:

Quando existe um centro, as impressões que se prendem a esse centro não permitirão que a nova luz se acenda sobre a consciência.

O que é esse centro? Obviamente é o motivo. Enquanto o motivo persistir, existirá vacuidade com um centro. Esse motivo é o centro mantido pela entidade que continua, que é o "eu". Essa entidade que continua projeta-se de numerosas maneiras, veste as prerrogativas reais condizentes a cada ocasião. Pode haver uma mudança de prerrogativas, mas a entidade que as usa é a mesma. No esvaziamento consciente da mente as prerrogativas é que são abandonadas, mas aquele que usa as prerrogativas continua. Em tal esvaziamento o esforço é abandonado, mas aquele que faz o esforço continua. O "eu" constitui o centro contínuo de consciência. E assim, em sua aparente vacuidade, lá está o centro que convida o conteúdo velho a entrar com nome trocado, para que a sua velhice não seja detectada. O centro pede ao conteúdo velho para voltar com vestimenta nova. Dessa forma, as repulsivas tendências do conteúdo velho são trazidas de volta. Em tal vacuidade não existe vulnerabilidade; existe um centro mediante o qual a mente busca ser invulnerável. Ser vulnerável é ser total e completamente livre de qualquer vestígio do centro. Onde o homem busca ser invulnerável, ele salvaguarda o centro, mesmo enquanto se esforça para chegar à aparente vacuidade. A casa que foi esvaziada é uma casa assombrada, pois existe a presença prolongada de alguém que partiu para voltar. A mente que foi esvaziada não é uma mente vazia.

Há um incidente narrado no Zen-Budismo que diz que quando Bodhidharma, o fundador do Zen-Budismo, foi do sul da Índia para a China, ele foi procurado pelo imperador. Como era um homem culto, o imperador lhe fez a seguinte pergunta: "Qual é o primeiro princípio da Retidão?", ao que Bodhidharma respondeu dizendo, "Vasta vacuidade sem nada de sagrado". Essa afirmação denota claramente o estado de vacuidade sem um centro. Não deve haver nem mesmo um centro de santidade da mente. Chega-se à vacuidade com um centro por meio de um consciente processo de negação. Mas isso não basta, pois mesmo aquele que nega tem que ser negado. Como pode isso ser feito conscientemente? Como pode o "eu" ser removido por qualquer esforço do "eu"?

O "eu" é o centro contínuo e, assim, o que quer que ele faça deve ser para se perpetuar ou para manter imperturbada a sua continuidade. Ele pode modificar sua continuidade de expressão, mas o centro de tal comunicação ainda é a entidade que continua. E, todavia, sem esse estado de vacuidade inapta, a pessoa não consegue entrar em contato com o impulso novo, para com ele vitalizar seus modos de ação. J. Krishnamurti diz freqüentemente "É a taça vazia que pode ser enchida". O grande filósofo chinês, Lao Tze, no seu *Tao-Teh-King* diz:

> Trinta raios envolvem o cubo da roda,
> A utilidade da roda está sempre
> Naquele recôndito vazio.
> Molda-se a argila para fazer a tigela,
> A utilidade da tigela está sempre
> Naquele recôndito vazio.
> Pode-se abrir espaço para portas e janelas
> Ao fazer uma casa,
> A utilidade para a casa está sempre
> No seu espaço vazio.

Pode-se dizer com igual ênfase que a utilidade da mente jaz no espaço vazio que vem à existência. Sem esse espaço vazio a mente, com seu processo de pensamento, move-se em círculo, o que relega o homem a uma existência estagnada onde ele pode continuar modificando os quadros pintados no muro – mas ainda é o muro de uma prisão. Nada de vigoroso pode penetrar na vida psicológica da pessoa enquanto o muro permanecer. E se a vida psicológica da pessoa for estagnada, então a vida física também deve partilhar da mesma sorte. Sri Aurobindo diz:

> É claro que a mente não foi capaz de mudar a natureza humana radicalmente. Pode-se continuar mudando as instituições humanas indefinidamente e, não obstante, as imperfeições irão penetrar todas as instituições.

A mente humana pode, quando muito, efetuar modificações; ela não consegue introduzir transformações fundamentais. Isso está fora do al-

A Ciência da Meditação - **191**

cance e capacidade da mente. E assim, a não ser que a mente seja subjugada, a pessoa não consegue escapar do impasse psicológico no qual está presa. Tornar a mente "destituída de mente"*, é esvaziá-la de todo seu conteúdo. Annie Besant diz no seu livro *The Laws of Higher Life*:

> Na mesma proporção em que nos esvaziamos de tudo que possuímos, surge espaço para a Plenitude Divina penetrar, e nos preencher com mais do que já tenhamos sido preenchidos antes.

Tem de ser criado espaço no interior da mente, pois de outro modo a Plenitude Divina não consegue penetrar. É na criação desse espaço que a mente tem de ser esvaziada de todo o seu conteúdo. Acredita-se geralmente que para levar uma vida espiritual a pessoa deve viver a partir do centro. Mas a vida a partir do centro é somente uma continuidade modificada, ao passo que a espiritualidade requer viver uma vida que é radicalmente diferente, não apenas uma mera diferença de grau, mas uma diferença de espécie. A espiritualidade indica o nascimento de uma nova espécie psicológica. Isso não pode acontecer se a mente retiver o seu centro e descartar somente a superestrutura. O próprio centro deve desaparecer antes que possa ocorrer o nascimento de uma mente nova.

Discutimos nessas páginas que a mente não pode ser esvaziada; ela pode esvaziar a si mesma. Tudo que se pode fazer é ajudar a mente no processo de esvaziar-se. Mas isso requer um novo relacionamento com a nossa mente. Devemos evocar um senso de confiança na mente para que ela possa surgir de imediato com tudo o que tem a dizer. Ela tem que ser persuadida a fazer isso por causa do relacionamento inamistoso que existe hoje em dia entre nós e nossa mente. Como isso pode ser feito? Dissemos no último capítulo que isso pode ser feito pelo processo de observação. Mas deve ser uma observação feita por um amigo e não por um crítico; deve ser a observação de um observador e não a de um vigia. A observação de uma testemunha ou de um viajante é fria e im-

---

*Do original: *mindless* (Nota da edição bras.)

pessoal demais; e a observação do vigia é cheia de dúvida e suspeita. Sugerimos que a observação deva ser feita pelo observador, especificamente um observador amigo. A observação deve ser feita por amor e afeição assim como a mãe observa o filho. Nessa observação não deve haver indiferença nem interferência, mas um interesse real, amigo. Esse novo relacionamento com a mente é muito delicado, jamais pode ser perturbado.

Alguém pode perguntar qual poderia ser o fator de perturbação nesse novo e amigável relacionamento com a mente? Pode ser causado até mesmo pela mais leve resistência ou ressentimento.

Vimos que a observação tem que ser das imagens mentais que detêm todo o conteúdo da mente velha.

As imagens devem ser não apenas claras, mas também emocionalmente vívidas. Quando essas imagens estiverem sendo observadas, a pessoa descobrirá que elas estão ávidas para contar sua história, pois estão repletas delas. E a narrativa chega ao foco quando as imagens emocionalmente carregadas são ao mesmo tempo retidas com intensidade e ternura. Pode-se brincar ternamente com essas imagens enquanto estão sendo retidas. Nessa brincadeira as imagens começarão a contar sua história. As imagens irão relatar sua história sem qualquer inibição por causa da atmosfera divertida que foi criada. Enquanto contam a história, numerosas imagens laterais irão surgir. Quando isso acontece não deve entrar o elemento de resistência ou de ressentimento. As imagens laterais podem parecer irrelevantes ou provocativas. Elas tenderão a destruir a nossa auto-imagem cuidadosamente guardada, pois a história revelada pelas imagens é a nossa própria história. Elas revelam o conteúdo de nossa própria auto-imagem. Pela primeira vez estamos começando a ver a nós mesmos como somos, sem a máscara da auto-imagem. Se pudermos ouvir a biografia de nossa auto-imagem durante esse ato de observação com interesse, mas sem indiferença ou interferência, conheceremos a nós mesmos sem qualquer subterfúgio, com todos os nossos motivos revelados ante nossos olhos. Seremos capazes de ver nossa face no espelho biográfico colocado diante de nós pelas imagens. Essas imagens serão desnudadas ante nós à medida que passam, detalhe por detalhe de nossa vida com todos os motivos, evidentes e secretos. Se não houver resistência ou ressentimento, toda a narração

A Ciência da Meditação - 193

biográfica da auto-imagem irá até o final. A auto-imagem será esvaziada de todo seu conteúdo e, neste momento, também a mente irá esvaziar-se de tudo que contém. O conteúdo da mente e o conteúdo da auto-imagem não são duas coisas diferentes. Quando a auto-imagem é desmascarada, o conteúdo é esvaziado também. É no interesse de proteger a auto-imagem que não queremos que o conteúdo da mente seja revelado. O conteúdo é a auto-imagem – é o "eu" ou *asmita* de Patañjali. É quando a auto-imagem está sendo revelada que a pessoa recua – mas esse recuo é em si mesmo um fator de resistência e ressentimento. É preciso que sejam projetadas na tela da observação as figuras da auto-imagem. A procissão que emerge da imagem é a nossa própria procissão – composta de uma variedade de mantos e insígnias, numa diversidade de eventos e situações. Quando a história da auto-imagem for totalmente contada, então nada restará para a mente contar. Ela esvaziou a si mesma tornando-se, portanto, silenciosa. A chegada desse silêncio é a meditação. Um silêncio profundo desce sobre a mente, quando o conteúdo da auto-imagem é esvaziado. A mente foi subjugada; ela é agora um vaso limpo e vazio, pronto para receber o que quer que lhe seja despejado dentro. Esse silêncio não é o produto da mente; ele veio à mente quando a auto-imagem foi esvaziada de todo seu conteúdo. J. Krishnamurti diz no seu livro *Freedom from the Known*:

> O silêncio engendrado pela mente é a estagnação, está morto, mas o silêncio que surge quando o pensamento compreendeu seu próprio início, a natureza de si mesmo. . . esse silêncio é meditação.

Dizem que o autoconhecimento é o início da sabedoria. Certamente que a história da auto-imagem revelada no ato da observação é deveras autoconhecimento em sua real natureza. É o conhecimento de nós mesmos como somos, não como pensamos que somos, não como pensamos que deveríamos ser. Ao ouvir nossa própria história narrada pelas imagens, libertamo-nos de toda escravidão ao passado. Tornamo-nos inocentes como uma criança, despojados de todo nosso conteúdo, que guardávamos com tanto zelo, construindo mecanismos de defesa cada vez mais fortes.

Mas será a meditação apenas uma série de negações? A senda da ascensão termina no topo da negação? É verdade que no ato da observação, aquilo que é revelado pelas imagens é abandonado e, portanto, negado. É nesse processo de negação que a mente esvazia a si mesma; é totalmente desnudada de tudo que continha. Mas será a negação o único fruto da ascensão? Lembremos as palavras de Asvapati, expressas por Sri Aurobindo no grande poema épico intitulado *Savitri*. Chegando ao fim da jornada, esse rei do país chamado Madra diz:

> Somente o eterno NÃO se aproximou
> Mas onde está o eterno SIM do Amante?

Asvapati profere essas palavras, de pé sobre o topo da negação total. Na meditação a pessoa aproxima-se do eterno NÃO, mas não existirá o eterno SIM do Amante? À medida que o processo de negação chega ao fim, desce sobre a mente um silêncio misterioso e profundo. Aqui, a pessoa pode fazer uma pausa e considerar se a jornada da negação terá fim. Pode alguém recostar-se confortavelmente tendo atingido a totalidade da negação? Se a pessoa recosta-se confortavelmente, então aquele próprio estado terá de ser negado. O processo de negação é contínuo; é como um espelho juntando poeira, a qual deve ser removida repetidamente. Se se permitir o ajuntamento da poeira, então o espelho não terá qualquer utilidade, já que não será capaz de refletir de uma maneira clara e sem distorção. De modo semelhante, o processo de negação não tem fim. Se ele terminar, então uma nova imagem será formada com todos os acontecimentos associados. Deve sempre haver uma auto-imagem através da qual a pessoa aja? Não pode um homem encarar a vida diretamente sem uma máscara? Somente no contato direto com a vida é que a pessoa pode receber o impulso vigoroso com o qual pode vitalizar os modos e padrões de comportamento. A criação e manutenção da auto-imagem está propensa a causar extenuação e tensão na vida psicológica da pessoa. Somente o homem que age diretamente, não motivado pela auto-imagem, pode iniciar imagens mentais vigorosas para ativar o cérebro ao longo de novas linhas de expressão. Quando a auto-imagem intervém, o homem deixa de viver; é a auto-imagem que vive e age. Não estamos falando de modificar a auto-imagem, mas da total eliminação da mesma. Quando isso acontece, então a vida é vivida de momento a momento, e não em termos do passado não realizado ou do futuro antecipado. A auto-imagem pavoneia-se enquanto não é plenamente exposta. Quando a máscara cai ou é removida, onde está a auto-imagem? Quando a pessoa sabe quem ela realmente é, começa um movimento de se tornar aquilo que é natural, não-cultivado, como quando vivemos sob as compulsões da auto-imagem. No ato da observação, que estivemos discutindo com referência ao tema da meditação, as imagens percebidas são nada mais que as expressões da auto-imagem única, criada e alimentada por nós. As imagens que observamos não são entidades estranhas, mas parte integrante da auto-imagem. Não vale a pena lutar contra as imagens individuais, pois quando a rainha das imagens, que é a auto-imagem, desaparece, as outras imagens definham imediatamente.

Há no *Rig Veda* a história de Indra sendo abordado pelos deuses que pediam proteção contra os *asuras* ou força das trevas. Em resposta a esse apelo, Indra diz que não irá desperdiçar suas energias na destruição dos *Panis*, que significa peixes miúdos; ele irá destruir *Vritrasura*, a causa principal de todos os problemas. O significado da palavra *Vritrasura* é: aquele que lança uma coberta, daí criando as trevas. É por causa dessas trevas que o peixe miúdo é capaz de engajar-se em táticas aborrecedoras. Mas se o criador das trevas for destruído, o que podem fazer esses pequenos perturbadores? É exatamente esse o caso da auto-imagem e das inúmeras pequenas imagens que nos causam contínua perturbação. Essas imagens não têm existência independente, elas são produtos e ramos da auto-imagem.

Por mais estranho que possa parecer, a auto-imagem morre por exposição. Ela não suporta a exposição ao olhar exterior e só sustenta a si mesma às escondidas. É a máscara que a protege, pois sob a máscara é capaz de esconder sua face. Ela exulta nas imagens vívidas e emocionalmente carregadas. Mas quando se observa a procissão dessas imagens, sem resistência ou ressentimento, sua face é gradualmente revelada. Quanto mais a procissão se move mais ela é exposta. Com o término da procissão, é concluída a sua exposição por meio de uma janela-imagem particular. À medida que a observação torna-se um processo contínuo, a auto-imagem é totalmente exposta, todos os seus esconderijos são demolidos. Não resta lugar onde descansar seus pés fatigados.

No esforço que comumente fazemos para levar uma vida espiritual, hesitamos ante a perspectiva de lidar com tantos dos nossos vícios e fraquezas. É isso que às vezes causa desapontamento ao neófito. E, assim, passamos dias e noites lutando contra essas muitas fraquezas . . . e descobrimos que não parece haver fim à vista. Nisso desperdiçamos nosso tempo e nossa energia combatendo a miuçalha. E a miuçalha tem a tendência de rapidamente multiplicar-se, de modo que se nos desfizermos de algumas delas, muitas outras saltarão para tomar seus lugares. Combater imagem após imagem é exatamente a ação dessa natureza. Em vez disso, se observamos essas várias imagens sem resistência, elas nos mostram os esconderijos da auto-imagem. Assim, a auto-imagem é exposta completamente e é essa exposição que causa a sua morte.

Mas o que se quer dizer por morte da auto-imagem? Significa que a imagem foi transformada em um símbolo. Existe um abismo de diferença entre a imagem e o símbolo. A imagem está cheia das projeções da mente. O que chamamos de "eu", e nos damos o trabalho de proteger, é nada mais que o produto da mente. Ele foi engendrado pela mente. Essa é realmente a *asmita* de Patañjali. Enquanto a imagem estiver cheia das projeções da mente, o símbolo é esvaziado de todas as projeções. Enquanto a imagem é opaca, o símbolo é transparente. É o condutor da luz, pois nada há para bloquear a passagem da luz. O símbolo não lança sombras, pois nada retém. Ele serve como um meio claro e não corrompido para as intimações que vêm de além da mente. Aquilo que até agora era uma imagem foi transformado em símbolo. É através do símbolo que a experiência positiva pode chegar à consciência humana. O símbolo é verdadeiramente um vaso, limpo e vazio, no qual o impulso novo pode ser despejado. O vaso tem que estar tanto vazio quanto limpo. Se o que se busca é esvaziar a mente, tal vacuidade contém o toque da entidade que buscou efetuar o esvaziamento. É esse toque que suja o vaso. Quando a mente esvazia a si mesma, não há o toque de uma tal entidade. O símbolo é um vaso limpo e vazio. Diz Sri Aurobindo:

> A taça tem que estar limpa e vazia para que o licor Divino
> seja despejado dentro dela. . . . Deve-se manter limpo o templo
> se se quiser nele instalar a Presença Viva.

A Ciência da Meditação - 197

Se no templo da vida houver a colocação de um único ídolo, a pessoa estará simplesmente no reino das imagens – o reino da auto-imagem. É na transformação da imagem em símbolo que a taça da consciência é limpa e esvaziada. É a essa transformação que Sri Aurobindo dá o nome de "Supramente"[3], pois, diz ele nas suas *Letters on Yoga*:

> . . . a "Supramente" é a passagem através da qual se atravessa da mente para a supermente. . . . A "Supramente" tem uma grande plasticidade e é um campo de múltiplas possibilidades.

É neste estado de "Supramente" que ocorre a transformação de uma imagem em símbolo. O símbolo possui múltiplas possibilidades e nada de si mesmo. É apenas uma passagem, absolutamente clara e desimpedida, que permite aos impulsos do Além penetrar a consciência humana. Enquanto o esvaziamento da imagem é um processo negativo, o símbolo carregando o impulso novo é uma experiência positiva. O Vazio é deveras o *Plenum*, mas tem de ser um vazio sem um centro. Entre um tal Vazio e o Pleno não existe retardo; são fenômenos simultâneos. E porque o símbolo é completamente transparente, ele possui múltiplas possibilidades. O símbolo é como o que Patañjali diz na Primeira Seção dos seus *Yoga Sutras*. Como consta no Sutra 41:

> No caso de alguém cujas tendências reativas tenham sido eliminadas, surge a fusão do conhecedor, do conhecido e do conhecimento, exatamente como uma jóia transparente funde-se com a superfície colorida sobre a qual repousa.

O símbolo é como a jóia transparente onde todas as diferenças foram fundidas umas nas outras criando um estado não-dual. Assim, na transformação da imagem em símbolo surge a experiência culminante da meditação. É no estado não-dual, e somente lá, que a pessoa chega à experiência suprema da meditação. A meditação é uma experiência intensamente positiva; não é uma experiência afirmativa da mente. Geralmente as afirma-

---

[3] Do original: *over-mind* (Nota da edição bras.)

ções da mente são consideradas por nós como algo positivo. A afirmação da mente não tem caráter positivo em si. É somente do negativo do filme que se pode fazer uma fotografia positiva. Na transformação da imagem em símbolo surge a total negatividade da consciência. Nessa negatividade despeja-se o vinho novo com o qual se pode revitalizar a vida diária da pessoa. A negatividade da consciência representa a ascensão do homem aos reinos que tocam o campo da meditação. Quando o impulso novo é despejado nessa negatividade, então ocorre o milagre da descida. Sem uma tal descida, a experiência da meditação não tem validade.

Quando a auto-imagem, sem qualquer reserva, é totalmente negada, surge para a pessoa a visão do seu verdadeiro ego. Essa é a visão da Realidade, da Verdade, ou da Beleza. É aqui que a pessoa vê o seu *Svarupa*, o seu Ser. Mas a visão de sua própria Plenitude, que é o Ser, tem um tal dinamismo que a pessoa não consegue senão irromper em um novo processo de vir-a-ser, no ato supremo de *Svadharma*. À luz do Ser o que quer que a pessoa faça é *Svadharma*, que contém a qualidade mesma do próprio Ser. No verdadeiro vir-a-ser, que é *Svadharma*, há naturalidade, não havendo portanto qualquer tipo de frustração. Quando a vida é vivida em termos de *Svadharma*, há uma experiência de alegria criativa de momento a momento. É esse *Svadharma* que empresta vitalidade revigorada a todos os modos de ação e comportamento. Na negação total da auto-imagem um profundo e intenso silêncio desce sobre a consciência da pessoa. Nesse silêncio ouve-se a Voz, a Voz do Silêncio. Então, é essa voz que comanda, e não a insignificante vontade da mente.

O seu comando irá criar imagens mentais vigorosas e vitais com as quais se pode energizar o cérebro para modos sempre novos de expressão e comportamento. Sobre essa ação que emana do silêncio, Sri Aurobindo diz:

> Uma mente que tenha atingido essa calma pode começar a agir até mesmo de maneira intensa e poderosa, contudo, irá manter sua tranqüilidade fundamental, nada originando de si, embora recebendo de Cima e conferindo forma mental ao conteúdo recebido, sem lhe adicionar nada de si.

A Ciência da Meditação - **199**

Em termos desta Voz do Silêncio, a mente sem dúvida irá criar novas formas e imagens, mas não irá adicionar nada de si a essas coisas. A faculdade construtora de imagens, que foi aperfeiçoada pelo aspirante durante suas práticas preliminares, irá mantê-lo firme quando o impulso novo direcioná-la para comunicar suas instruções ao cérebro, para que os modos de ação sejam vibrantes de vida e não apenas formas sem alma. No inestimável livro *Luz no Caminho* é dito:

> . . . no silêncio profundo ocorrerá o evento misterioso que irá provar que o caminho foi encontrado. . . . A Senda foi encontrada; prepara-te para trilhá-la.

Nesse silêncio da total negação é encontrado o Terceiro Caminho: é nessa negação que o Terceiro Olho é aberto, o olho do verdadeiro *insight* espiritual. Trilhar a Senda é vitalizar todos os modos de ação e de comportamento, por mais insignificantes que possam ser externamente. Quando a imagem é transformada em símbolo, a pessoa acha-se no ponto de encontro das correntes ascendente e descendente da vida. No símbolo, o positivo e o negativo coexistem, e quando negativo e positivo existem juntos, uma tremenda energia espiritual é gerada, com a qual se pode vitalizar a vida diária. As pessoas perguntam muito freqüentemente: esse silêncio irá durar? A pergunta está errada em si mesma, pois o silêncio pertence ao reino do atemporal. Como pode ser medido por normas e padrões de tempo? *Luz no Caminho* diz:

> O silêncio pode durar um momento, ou pode durar mil anos. Mas irá terminar. Não obstante, carregarás contigo a sua força.

O silêncio irá terminar, pois a experiência não-dual surge somente em momentos e não em extensões de tempo. Mas a experiência momentânea fornece uma força tal que a pessoa fica cheia de uma tremenda energia com a qual pode fazer frente às mais violentas batalhas da vida. A experiência da meditação pode ser constante, mas não pode ser contínua. Pode haver muitos de tais momentos, e cada experiência durar apenas um momento, mas é um momento rico em eternidade.

No símbolo ocorre o mistério tanto da retirada quanto do retorno. A sua negação é o ato da retirada, mas o impulso positivo que ele recebe de Cima é o ato de retorno. Em toda experiência de meditação, experiência essa em que a auto-imagem é transformada em símbolo, forma-se um núcleo interior que é fortalecido e se torna a força dinâmica para a vida externa da pessoa. O núcleo não tem similaridade com o centro sobre o qual discutimos antes. O centro é formado e nutrido pelo conteúdo da mente. Mas o núcleo, vibrante de energia, é alimentado pelos impulsos novos que vêm de Cima. A vibrante energia do núcleo usa o símbolo para a transmissão de seus impulsos. Nem mesmo o núcleo de um átomo físico é estático, porém intensamente dinâmico; muito mais dinâmico é o Núcleo Espiritual que dá início e nutre todas as ações e comportamentos externos. Frithjof Schuon no seu livro *The Transcendental Unity of Religions* diz:

> A presença de um núcleo esotérico em uma civilização garante-lhe um desenvolvimento normal e uma máxima estabilidade; esse núcleo, porém, não é em nenhum caso, uma parte, mesmo uma parte interna, do exoterismo, representando, pelo contrário, uma dimensão quase independente em relação a esse.

É em momentos de meditação que é formado e nutrido o Núcleo Interno ou esotérico da vida da pessoa. Mas o esotérico não é uma parte, sequer uma parte interna, do exotérico. Os dois são dimensionalmente diferentes e, contudo, misteriosamente, encontram-se na Casa do Símbolo. Sem um tal núcleo esotérico a vida, tanto a do indivíduo quanto a coletiva, deve murchar. Hoje em dia vemos a ausência de um tal núcleo. Não é de admirar que o homem esteja desmantelado a partir do interior e, também, esteja alquebrado a partir do exterior. A meditação abre o Terceiro Olho, e nessa abertura nos é concedida a visão do Terceiro Caminho.

É o Terceiro Caminho que indica como a vida exotérica do homem pode ser constantemente energizada pelo núcleo esotérico. Mas para isso a pessoa deve chegar à experiência do silêncio, intenso e profundo – unicamente onde o Terceiro Caminho pode ser encontrado. Na negação da imagem, nasce o símbolo, e é o símbolo que dá início a um momento onde o acima e o abaixo se aproximam; é no silêncio do símbolo que Amante e Amado se encontram. É nos momentos silentes da meditação que a Voz do Espírito pode ser ouvida, e é nesse silêncio que a crisálida é rompida e ocorre o nascimento do Novo Homem, uma nova espécie espiritual vem à existência, e devido a isso a corrente evolucionária adquire uma nova direção para o seu movimento. Irrompendo da crisálida do passado, o Novo Ser humano torna-se o precursor de uma Nova Era. O evento miraculoso que acontece no refúgio silencioso do Símbolo é deveras o fruto e a fruição da meditação, pois é aqui que ocorre a transformação fundamental da mente humana – um evento de grande importância espiritual tanto para o ser humano quando para a raça humana. *Luz no Caminho* diz corretamente:

> Chame-se pelo nome que quiser, é uma Voz que fala quando não há ninguém falando; é um mensageiro que surge, um mensageiro sem forma ou substância; ou é a flor da alma que se abriu.

Editora Teosófica
Leia também:

CARTAS DOS MESTRES DE SABEDORIA
C. Jinarajadasa

A SENDA DO YOGA
FILOSOFIA PRÁTICA E TERAPÊUTICA
Maria Laura Garcia Packer

A TRADIÇÃO-SABEDORIA
Pedro Oliveira & Ricardo Lindemann

LUZ NO CAMINHO
Mabel Collins

APRENDENDO A VIVER A TEOSOFIA
Radha Burnier

CHEGANDO AONDE VOCÊ ESTÁ
Steven Harrison

Maiores informações sobre Teosofia e o Caminho Espiritual podem ser obtidas escrevendo para a **Sociedade Teosófica no Brasil** no seguinte endereço: SGAS - Quadra 603, Conj. E, s/nº, CEP 70.200-630 Brasília, DF. O telefone é (61) 3226-0662. Também podem ser feitos contatos pelo telefax (61) 3226-3703 ou email:st@sociedadeteosofica.org.br

FONE: (61) 3344-3101